CURSO DE

FINANZAS PERSONALES

AZUL OCEANO

EDICIONES

CURSO DE
FINANZAS PERSONALES

Educación financiera
para no financieros

Nathan Jones & Edward Campbell

ISBN: 978-987-86-4855-2

Índice

SEGUNDA PARTE: Seguros, La estrategia defensiva

TERCERA PARTE: Créditos

CUARTA PARTE:

PALABRAS FINALES...............117

Introducción

Las personas exitosas financieramente son aquellas que dedican tiempo y energía a planificar y administrar su dinero.

Más allá de los conocimientos que tenemos para llevar a cabo nuestra carrera, disciplina u oficio, estudiar cómo gestionar nuestras finanzas es transversal a todos ellos. ¿Por qué? Porque se trata de administrar de manera inteligente y eficiente el dinero y los recursos que disponemos. La planificación nos ayuda a darnos cuenta de nuestra situación financiera actual, y dado que el dinero es un recurso limitado, cuanto más escaso sea ese recurso, más importante será priorizar su gestión. Tomar decisiones inteligentes implica cubrir áreas tales como desendeudamiento, gestión impositiva, protección del patrimonio, planificación de nuestro retiro, entre otras. Para ello, es imprescindible manejar conceptos tales como riesgo, beneficio, activos, inversiones, plazos, etc. A partir de una planificación consciente tendremos el control de nuestras cuentas y con ello podremos evitar imprevistos y aprovechar oportunidades de inversión, evitando deudas indeseadas e incrementando el ahorro.

Las finanzas se planean y organizan para alcanzar un objetivo que varía según cada caso, por ello lo de finanzas "personales". El objetivo puede ser comprar una casa, planificar el retiro, vivir viajando, puede ser un objetivo personal o familiar. Lo que trataremos en este libro es cómo alcanzar ese objetivo partiendo de la idea de que un manejo inteligente de tus finanzas implica tomar decisiones con información, estableciendo estrategias eficientes para llegar a donde deseamos.

En las siguientes páginas aprenderás cómo administrar y tomar mejores decisiones financieras, conceptos básicos de los mercados de valores e inversiones, cómo funcionan los seguros, la interacción entre inversiones y créditos, y cómo utilizarlos inteligentemente. A lo largo del libro analizaremos ejemplos relevantes del mundo real para comprender los conceptos subyacentes, junto con investigación académica referida a los ejemplos en cuestión. El objetivo de este libro es brindar información para que tomes decisiones que te permitan optimizar la gestión de tus finanzas.

Finanzas personales es aplicar los principios de las finanzas a la gestión de recursos de un individuo o familia. No solo hablamos de tomar decisiones conscientes tanto de los ingresos y egresos, sino también del conocimiento y la utilización de herramientas para optimizar el manejo de esos recursos.

Planificación para mejorar la calidad de vida

Estudiar finanzas nos ayuda a la hora de tomar decisiones acerca del dinero. Según nuestra edad y prioridades, algunos asuntos serán más relevantes que otros en diferentes momentos de la vida. Es importante establecer objetivos de corto, mediano y largo plazo, que funcionarán como ordenador de decisiones, como una guía hacia dónde dirigir nuestros esfuerzos y acciones. En la mayoría de los casos los objetivos cubren las siguientes áreas:

Liquidez: contar con recursos suficientes para las actividades cotidianas,

Inversión: acumular recursos que mejoren la calidad de vida,

Protección: ante algún imprevisto,

Retiro: disponer de recursos al momento de dejar de trabajar,

Traspaso: dejar recursos a personas al final de nuestra vida,

Si no te decides por dónde comenzar, objetivos como disminuir el uso de la tarjeta de crédito, incrementar el patrimonio tomando mejores elecciones o llevar una vida financiera más saludable pueden ser un buen comienzo.

Por qué es necesario saber de finanzas

Para alcanzar nuestros objetivos debemos tomar decisiones conscientes, seguramente todos estaremos de acuerdo con esto. Elegimos A en lugar de B porque, según la información que disponemos, hemos realizado una evaluación y decidimos que B nos conviene más en la relación costo/beneficio, y tomamos acción al respecto. En todo el proceso de la toma de decisiones, la calidad de la información es crucial. Ahora bien, permíteme hacerte una pregunta: ¿puedes asegurar que usualmente consumes basado en información y no en una venta de servicios "disfrazada de información"? Al marketing de contenidos Wikipedia lo define como:

"Un enfoque estratégico del marketing centrado en la creación y distribución de contenido relevante, oportuno y coherente para atraer y retener a un mercado claramente identificado y, finalmente, generar acciones rentables de los clientes"

Hablemos de tu patrimonio, de los ahorros de tu vida, de la póliza que has comprado y que pagarás durante las próximas decenas de años: ¿Puedes asegurar que la información que adquiriste era certera y la más conveniente?

Sólo si entendemos los principios básicos de las finanzas podremos filtrar la información relevante a NUESTROS intereses y objetivos. Y aun sin necesidad de saberlo todo, si comprendes el funcionamiento subyacente de una inversión, seguro o crédito, podrás hacer las preguntas que realmente son necesarias para TU objetivo, y apartar al "asesor" de la narración de venta que tiene interés en reproducir con mucho entusiasmo. Por eso, sólo con información sólida, conocimiento y un objetivo claro, podrás evaluar si lo que te proponen optimizará (o no) tu estrategia.

PRIMERA PARTE:

Inversiones

En finanzas, la palabra "inversión" significa Trade off, es decir, la diferencia entre consumir hoy o ahorrar para mañana: si consumes más hoy tendrás menos para consumir mañana. En esta sección veremos dos elementos indispensables a la hora de invertir que son: el capital surgido del **ahorro**, y **tolerancia al riesgo**. Aclarados estos conceptos veremos los 3 principales instrumentos de inversión:

* las cajas de ahorro,

* las acciones,

* diferentes activos de inversión más sofisticados del mercado de dinero

Terminaremos la sección describiendo cómo se realizan las operaciones en el mercado de valores y los principales ratios utilizados a la hora de evaluar una inversión.

El comienzo: ahorro y perfil de riesgo

Al mañana podemos llegar gastando, invirtiendo o ahorrando, ya sea con el dinero de una fuente de trabajo, de lo que te dan tus padres, o de rentas. Puedes gastar una parte y el resto ahorrarlo o invertirlo: abres una cuenta en un banco local, inviertes ese ahorro (incluso si son $50) y luego puedes tomar tus decisiones de inversión para que ese dinero crezca con el tiempo.

El ahorro no es lo mismo para todos ni es constante, sino es específico para las prioridades que cada uno en un cierto momento. Habrá periodos en tu vida en los que gastes más y otros en los que ahorraras más, según los asuntos inmediatos que debas atender en ese momento.

Otro aspecto personal de las finanzas es la tolerancia al riesgo. Muchos de los millonarios que hicieron su fortuna invirtiendo en Wall Street coinciden en que conocerse a sí mismo es un aspecto fundamental, ya que conocer tu tolerancia al riesgo es la base para armar tu portafolio de inversiones, entendiendo que la noción de riesgo y rendimiento son medidas correlacionadas y proporcionales.

Pero, ¿de qué hablamos cuando hablamos de "riesgo"? Es un término relativo, porque lo que es un riesgo para una persona puede no serlo para otra. En general decimos que el riesgo y el retorno van de la mano: en una cartera de inversión con instrumentos de mayor riesgo se esperan rendimientos mayores que si solo llenamos la cartera con inversiones extremadamente seguras. De allí la propiedad de "proporcionalidad" entre riesgo y rendimiento: el retorno que recibimos será de acuerdo al tipo de riesgo que tomemos.

Diferentes encuestas en línea te ayudarán a ver qué tipo de inversor eres, sin necesidad de un gran análisis psicológico y como resultado obtendrás tu "perfil de riesgo".

Con capital y nuestro perfil de inversor, analicemos los diferentes instrumentos de inversión.

El inversor de **perfil conservador** da prioridad a la seguridad por sobre los rendimientos: busca que los rendimientos compensen la inflación y tener liquidez diaria. Como instrumento de inversión prefiere las inversiones que le reporten rendimientos fijos o previsibles, como depósitos a plazo fijo renovable cada 30 días o cajas de seguridad.

Los inversores de **perfil moderado** tienen un portafolio diversificado, sin hacer de lado la seguridad de sus ganancias. Prefieren invertir en acciones y deudas.

Los inversionistas con un **perfil agresivo**, es decir, quienes están dispuestos a un mayor riesgo con el fin de obtener mayores rendimientos, arman su portafolio con activos como commodities, divisas y valores en mercados emergentes, arbitraje entre monedas, etc.

Capítulo 1. Caja de ahorros

Una cuenta de ahorros paga muy poco retorno, pero el banco es un lugar seguro donde guardar tu dinero. Ese retorno que obtienes se llama "interés". La tasa que paga el banco en concepto de interés puede ser muy poco dinero al comienzo, pero en el futuro aumentará, cuando aumente el capital. Con el dinero en una caja de ahorro puede aplicarse dos estrategias: el interés simple o el interés compuesto. Veámoslo con un ejemplo:

Recibes una suma de 100.000 USD, abres una cuenta en una caja de ahorro en un banco que ofrece una tasa del 5% anual. Eso significa que recibirás USD 416.67 a fin de mes (una tasa del 5% anual es 0.41667 % mensual)

La **estrategia de interés simple** se trata de que todos los meses retires esos $416.6 y los utilices para vivir, gastos, etc.

La **estrategia de interés compuesto** implica que no retires esos $416.67, sino que lo sumas al capital, para que al final del mes, el porcentaje de la tasa ya no se aplique a los 100.000$ sino que ahora el capital pasa a ser $100.416.

Al final del segundo mes, con la estrategia de interés simple seguirás recibiendo $416.67, mientras que con la estrategia de interés compuesto recibirás $418,40. Al finalizar el año, con el interés simple seguirás con un capital de $100.000 y recibiendo $416,67, mientras que con el interés compuesto tendrás un capital de $105.116 y recibiendo $437,98.

En términos de fórmulas el interés simple se expresa como:

Capital final = Capital inicial * Interés * tiempo

en donde el capital y el interés siempre es constante. La fórmula de Interés compuesto capitaliza los intereses, es decir, añade los intereses generados a la capital inicial. Se expresa como

Capital final = Capital inicial (1+ tasa de interés) ^ periodo de tiempo

La principal diferencia entre ambos tipos es que el interés simple no tiene en cuenta los rendimientos generados a lo largo del tiempo, sino que se calcula siempre sobre el capital inicial, En cambio, el incremento del interés compuesto es exponencial porque incluye en su cálculo los beneficios generados a lo largo del tiempo.

Las cajas de ahorro son seguras, pero, en contrapartida, otorgan una tasa de interés relativamente pequeña, aún en sus mejores tiempos. Eso se traduce en que el crecimiento de tu riqueza se verá seriamente obstaculizado. En síntesis: si buscas aumentar tu riqueza, invertir los ahorros en una cuenta de ahorros no es la mejor idea.

Capital de $ 100.000 a 5% anual

Interés Simple

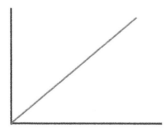

La tasa de interés **NO** se suma
al capital

Interés Compuesto

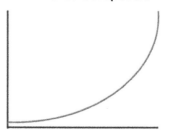

La tasa de interés se suma al
capital

	Capital	Interes	Capital acumulado		Capital	Interes	Capital acumulado
Mes 1	100.000	416,67	100.417	Mes 1	100.000	416,67	100.417
Mes 2	100.000	416,67	100.417	Mes 2	100.417	418,40	100.835
Mes 3	100.000	416,67	100.417	Mes 3	100.835	420,15	101.255
Mes 4	100.000	416,67	100.417	Mes 4	101.255	421,90	101.677
Mes 5	100.000	416,67	100.417	Mes 5	101.677	423,65	102.101
Mes 6	100.000	416,67	100.417	Mes 6	102.101	425,42	102.526
Mes 7	100.000	416,67	100.417	Mes 7	102.526	427,19	102.953
Mes 8	100.000	416,67	100.417	Mes 8	102.953	428,97	103.382
Mes 9	100.000	416,67	100.417	Mes 9	103.382	430,76	103.813
Mes 10	100.000	416,67	100.417	Mes 10	103.813	432,55	104.246
Mes 11	100.000	416,67	100.417	Mes 11	104.246	434,36	104.680
Mes 12	100.000	416,67	100.417	Mes 12	104.680	436,17	105.116

$$C_f = C_i * (1 + r * t)$$

$$C_f = 100.000 (1 + 0.4166 * 12)$$

$$C_f = C_i * (1 + r)^t$$

$$C_f = 100.000 (1 + 0.4166)^{12}$$

C_i = Capital Inicial

C_f = Capital Final

r = Tasa de interés

t = Período de tiempo

18

Capitulo 2 Acciones (Stocks)

Las acciones son activos de renta variable, no son renta fija porque no sabemos con exactitud el valor que tendrán en el futuro. Muchos se preguntarán "¿por qué habría de comprar yo algo que otro quiere vender?". Cuando nosotros, los particulares, necesitamos dinero pedimos un préstamo al banco, pero los montos de los préstamos que requieren las grandes compañías no los puede satisfacer un banco por una cuestión de escala, no disponen de tantos recursos. Las compañías emiten acciones por el monto total del dinero que necesitan, lo fraccionan en "acciones" o "bonos" y los ponen a disposición en el mercado de valores. Son los principales instrumentos que tienen las empresas a la hora de recaudar fondos.

La **ventaja de invertir en acciones** es que si la investigación de la compañía en la que inviertes ha sido completa y tienes un poco de suerte (que los mercados cooperen contigo) el dinero que hayas invertido aumentará con el tiempo, acompañado por el incremento de valor de la empresa. Algunas compañías que emiten acciones pagan dividendos a quienes las hayan adquirido, y esto es una forma de reparto de ganancias, usualmente de forma bimestral, trimestral, o cada seis meses.

Otras empresas permiten opinar sobre asuntos de la compañía si eres tenedor de sus acciones. En su mayoría tienen juntas de accionistas anualmente, donde puedes asistir en persona para emitir tu voto acerca de un asunto enviándolo por correo. Si tienes una participación tienes un voto, si tienes 100 acciones tienes 100 votos (algunas compañías difieren en esto, pero la mayoría tiene derecho a votar en proporción a las acciones que tienes).

Acciones Ordinarias y Preferidas

Las compañías pueden emitir acciones ordinarias o preferidas. Las acciones ordinarias representan una propiedad de capital en la empresa y da derecho a los accionistas a votar sobre cuestiones de gestión.

Las empresas que emiten acciones preferidas ofrecen una mezcla de inversión más agresiva (acciones) y una más conservadora (bonos). Este tipo de acciones casi siempre pagan dividendos a los accionistas, y si la empresa quiebra, los accionistas preferidos reclaman activos antes que los accionistas comunes. En contrapartida, los tenedores de acciones preferidas generalmente no tienen derecho a voto.

Elegir invertir en una acción u otra debe basarse según los criterios de objetivos financieros que tengas, la tolerancia al riesgo según tu perfil de inversor, y el interés en los derechos de voto en la empresa.

La **desventaja de invertir en acciones** es que hay un riesgo de perder dinero: si bien está la posibilidad de ganar a veces también puedes perderlo. Es importante entender que toda inversión conlleva un riesgo.

Retomemos el concepto de riesgo y lo aplicaremos a la inversión en acciones, es decir, el riesgo subyacente que puede tener una acción. El modelo que afirma la relación entre el riesgo de una acción y su rendimiento se conoce como **Modelo de Fijación de Precios de Activos de Capital**. Este modelo refleja que si tomas más riesgos deberías esperar mayores retornos, y en términos de acciones de empresas es "crecimiento vs. valor". ¿Qué significa esto? Las empresas más jóvenes tienen **acciones de crecimiento**: son empresas relativamente recientes, que comenzaron hace unos años creciendo agresivamente y que no alcanzaron su madurez, por ejemplo Tesla (*NASDAQ: TSLA*). El riesgo de invertir en acciones de este tipo de empresas es porque no tienen muchos antecedentes y si bien aún no tienen la suficiente experiencia, sofisticación y profesionalismo, sí tienen mucha expectativa de crecimiento. Es un riesgo invertir en estas acciones, pero se ven tentadoras.

En contrapartida están las **acciones de valor**, pertenecientes a empresas ya encumbradas, compañías expertas con sus SEOs veteranos y de las que conocemos sus estadísticas, su historia y números, como Mc Donalds (*NYSE: MCD*). Invertir en acciones de estas empresas conlleva un menor riesgo, y por consiguiente, menor retorno, hablando en términos generales. Warren Buffett, invirtió los últimos 40 años encontrando gemas de gran valor que nadie conoce: ha comprado acciones a muy buen precio en estas empresas de gran valor, y ha visto cómo luego se disparan su precio, y con ello ha ganado millones de dólares para sus accionistas a través de Berkshire Hathaway, el grupo de inversión que encabeza. No es lo mismo el valor de una empresa, que el precio al que cotiza su acción en ese momento en el mercado. El buen inversor no quiere pagar $1 de más por una acción que no lo valga: descubrir las gemas a las que se refería Warren Buffett significa invertir en acciones de gran valor a precios bajos y luego ver cómo se dispara el precio. Es una estrategia sólida de inversión personal a aspirar.

Una compañía que tiene una capitalización de Mercado de más de 10,000 millones es conocida como una **gran** empresa.

Una empresa de **mediana capitalización** tiene una capitalización de Mercado de entre 2 a 10.000 millones.

Una compañía de **pequeña capitalización** tiene una capitalización de Mercado de menos de 300 y 2.000 millones.

Otra categoría son las empresas de **microcapitalización**, entre 50 y 300 millones en valor de Mercado o menos. Tienen un gran potencial de crecimiento si persisten en el tiempo.

Otra forma de pensar las acciones es a través de lo que se llama la **Capitalización de Mercado** o Capitalización Bursátil, que es el número total de acciones en circulación para una determinada empresa. Es un número relativamente fijo y se puede encontrar en sitios como Google o Yahoo Finances. El número de acciones en circulación multiplicado por el precio de la acción actual representa la Capitalización de Mercado de una acción.

Retomando el concepto de riesgo, las grandes empresas tienen menor cantidad de riesgo: cuanto más pequeño sea el tamaño de la capitalización de mercado mayor es el riesgo asociado con él. En palabras más simples, cuanto mas grande es la empresa, menos posibilidades de desaparecer.

Otros criterios de clasificación de acciones son según su liquidez, es decir la capacidad que tiene un activo de convertirse en dinero, y según sean compañías de países líderes o emergentes (en vías de desarrollo, como los países sudamericanos, algunos asiáticos y otros pocos de Europa, donde se encuentran empresas subvaluadas).

En conclusión, estas clasificaciones ayudan a armar un portafolio diversificado. Esto implica, combinar acciones estables, para darle solidez a la cartera, y acciones de más riesgo para tener rentabilidad. La composición de la cartera es personal, y la combinación de los diversos tipos de acciones es diferente según cada persona y su perfil de riesgo.

2.1. Horizonte temporal

Si evalúas invertir en acciones, primero debes determinar por qué lapso de tiempo conservarás las acciones, es decir el **horizonte de inversión** ¿Unos minutos, horas, días? ¿O para construir tu fondo de retiro? Primero es necesario determinar por cuánto tiempo conservarás la inversión y con qué fin.

Amazon — Visión intradiaria   Amazon — Visión 5 años

El modo en que realizamos las lecturas del mercado está condicionado por el Horizonte Temporal que tenemos planeado retener esa inversión. Elegir una empresa para invertir a largo plazo requiere dar prioridad a algunos datos que tienen más que ver con el crecimiento de **largo plazo**, como el dominio del mercado, planes de expansión, solidez de la empresa, balance general, estado de resultado, declaraciones de flujo de caja, etc. Existen diversas métricas relacionadas con lo corporativo (estados financieros y estados contables) disponibles para el público, y en Google Finance o Yahoo Finance están a disposición los saldos de las cuentas de resultado de los últimos años de las principales empresas. Ahí mismo puedes hacer comparaciones, incluso ver el progreso de ganancias de la empresa. La idea es elegir una empresa que haya generado ganancias y que su gráfico continúe en alza sostenida en el tiempo, en una pendiente ascendente. A su vez, la empresa "ideal" no debería tener demasiada deuda, es decir que debería contar con un alto puntaje de crédito para tener menos riesgos y alejar la idea de insolvencia o probabilidad de quiebra. Porque al igual que los individuos, una empresa con grandes deudas se convierte en una empresa de riesgo. Por ello, cuando el horizonte de inversiones es de largo plazo debemos centrarnos en los fundamentos, y eso se reflejará en el estado de cuenta de balance.

Por otro lado, si estamos buscando acciones de empresas para **tradear** la lectura de datos será muy diferente. Los traders son quienes entran en el mercado cuando todos los inversores están saliendo, porque esos momentos son oportunidades de compra (puede ser porque las acciones estén vencidas sin ninguna razón específica o porque hay pánico general en el mercado). Para conseguir ganancias rápidas no es relevante la dirección de la compañía o su posición competitiva, simplemente compras a un precio más bajo, esperas a que se recupere, y vendes obteniendo ganancias. En este marco, la prioridad la tienen la negociación y las características comerciales diarias como el volumen comercial, el volumen diario promedio, el precio y la volatilidad. Llamamos volatilidad al zigzagueo de precios alrededor de su precio actual. Para hacer este tipo de operaciones es necesario centrarse en el precio actual de la acción de una empresa en relación con su precio alto o bajo anterior a 52 semanas. Estudios estadísticos han demostrado que cuando una acción está cerca de su máximo de 52 semanas hay un tipo de barrera psicológica para romper eso. Si una acción es mucho más baja que lo que cotizaba 52 semanas atrás, existe una mayor probabilidad de que aumente su valor. No hay garantías, pero es una probabilidad estadística.

En conclusión, si la meta de inversión es a largo plazo concéntrate en las características fundamentales de la empresa, mientras que si la meta es a corto plazo concéntrate en las características relacionadas con el comercio.

2.2. Correlaciones y proactividad

Es de conocimiento común la correlación entre el precio del petróleo (petróleo crudo) y las reservas de petróleo con ciertas acciones, como las compañías que le sirven a la industria del petróleo (como el gas natural), las que acompañan en las actividades de perforación en aguas profundas y demás que acompañan al sector. Cuando vemos que el precio del crudo desciende, también se mueve el precio de las acciones de Exxon Mobil, Slumber J, National Oilwell Varco, Halliburton... Entonces decimos que hay una correlación positiva entre los precios del petróleo y los precios de las acciones de estas empresas, que se traduce en una gran oportunidad de compra cuando los precios del petróleo son bajos.

También es muy conocido el caso de la industria farmacéutica. Es necesario y fundamental mantenerse actualizado y obtener información sobre los distintos ensayos que realizan las diversas compañías farmacéuticas, ya que muchas drogas están en estado de experimentación y, si tienen éxito, revolucionarán el tratamiento de alguna enfermedad en particular. O bien si esos medicamentos fueran aprobados en alguna de sus diferentes etapas de aprobación por la FDA, el valor de las acciones se derrumbaría o escalaría en varios puntos.

Lo que tienen en común las inversiones en estas industrias que hemos descrito es que son inversiones estratégicas, son inversiones proactivas, no reactivas. Y esto es un llamado a ser **proactivo**, con el fin de que el potencial de ganancias sea mayor aún y no esté limitado porque ya haya subido. Si compras acciones de una empresa porque ya todos han comprado significa que no pudiste aprovechar el precio mínimo que tenía esa acción. Si compras acciones de la industria del petróleo porque los gráficos de una compañía X muestra desde semanas, una curva ascendente en el precio de sus acciones significa que no has comprado en el valor mínimo que la acción tenía, y eso es perder riqueza, es actuar de manera reactiva (reacción). Quienes obtienen mayor ganancia son proactivos, se anticipan a los movimientos del mercado manteniéndose actualizados con las novedades de la industria.

En resumen, aprovechar los movimientos del mercado requiere estar actualizados y atentos para no dejar pasar las oportunidades y ventajas que las diferentes industrias nos ofrecen habitualmente.

2.3. NYSE, NASDAQ y NYSE American

Toda acción es pública, es decir que está listada en una residencia principal. Al igual que nosotros, como individuos, vivimos en una casa o departamento como residencia principal, las acciones también tienen una, que puede ser real o virtual. Las tres residencias principales son:

1. La bolsa de Nueva York (NYSE, New York Stock Exchange)

Es una bolsa de valores con sede en Nueva York. Se fusionó con EURONEXT (la bolsa de valores europea) por lo que actualmente es NYSE Euronext (NYX). NYSE EURONEXT también posee NYSE Arca, que anteriormente fue la bolsa del Pacífico. Tiene un domicilio real: físicamente se encuentra en Wall Street 11 Broad Street, que es el lugar físico donde el comercio de acciones ocurre entre las 9:30 a.m. y las 4 p.m. hora estándar del este.

2. NASDAQ (National Association of Securities Dealers Automated Quotation System)

Es un mercado virtual, no tiene ningún domicilio físico, sino que es un grupo de computadoras conectadas a una red. Actualmente ofrece tarifas de cotización más bajas que NYSE.

NASDAQ fue creado en 1971 con la intención de crear un mercado de valores electrónico. Tuvo éxito en el comercio OTC (mercados Over The Counter, son mercados extrabursátiles donde

que, si bien cumplen con la calidad y estándares para ser elegibles, pertenecer a NYSE no les agregaría valor. En conclusión, podemos tener una aproximación sobre la calidad subyacente de las acciones de una empresa según el mercado donde cotice, basándonos a grandes rasgos en la calidad de estándares que necesiten los mercados para hacerse elegibles.

Cada compañía se identifica en el mercado por un conjunto de símbolos o letras llamado **ticker**: Apple es AAPL, Microsoft es MSFT. Si el ticker de la empresa es de cuatro o cinco letras, quiere decir que es una empresa alojada en NASDAQ. Coca cola cotiza en NYSE y su ticker es KO; Microsoft, que cotiza en Nasdaq, su ticker es MSFT, y Johnson y Johnson, cotiza en Nyse y su ticker es JNJ, por poner solo algunos ejemplos. Los tickers nos describen cuál es el hogar principal de un stock. Y es importante mantener siempre presente que los requisitos para listar en NYSE son significativamente más estrictos que los que exige NASDAQ.

Varios economistas realizaron investigaciones acerca de las acciones que se comercializan en NASDAQ y NYSE. Casi por unanimidad, arribaron a la conclusión de que las acciones que cotizan en NYSE muestran mejores precios, es decir un costo menor. No hay mucho debate al respecto de listar en la NYSE: es mejor para las empresas porque pueden comercializar mayor volumen, y también para los inversores porque pagan menos dado que hay menos costos involucrados en el comercio si los comparamos con las acciones de NASDAQ. ¿Esto qué significa? Como dijimos, muchas empresas, en sus principios listan en NASDAQ porque no son elegibles para hacerlo en NYSE y cuando la empresa se vuelve sólida puede convertirse en elegible para ser incluida en NYSE. Sin embargo, se genera debate por lo categórico de los resultados: más de 3000 empresas han sido elegibles para cambiar su listado de NASDAQ a NYSE por su solidez, pero lo curioso es que sólo una pequeña fracción de estas empresas se han mudado a NYSE a pesar de los beneficios que con esa migración obtendrían. Las grandes empresas de NASDAQ, como Apple, no necesitan el reconocimiento de NYSE. Algunos sostienen que como en NASDAQ se encuentran las mayores empresas tecnológicas, por afinidad ideológica prefieren quedarse allí. También es común la idea de que NYSE es un mercado al estilo "club de campo", para personas de edad madura, más sofisticado, mientras que las empresas "hipsters" se sienten más identificadas con NASDAQ y atraen a un público más joven.

2.4. Información exclusiva e información privilegiada

Volvamos al concepto del tiempo del mercado. Los inversionistas se toman mucho tiempo en mantenerse actualizados: analizan qué es lo que sucede en su entorno, leen acerca de tendencias del mercado, de economía nacional, de macroeconomía, observan su entorno para saber cómo mejorar su juego.

La hora a invertir en acciones, comienza por decidir en qué industria deseas invertir: pueden ser los videojuegos, la industria manufacturera, la industria del petróleo... debes encontrar una industria en la que te sientas identificado y dedicarte a conocer bien ese sector. La información se encuentra en revistas, congresos y en muchas horas de lectura de los periódicos líderes en el sector como el New York Times y el Wall Street Journal. Otro tema es la información privilegiada.

CASO IMCLONE

¿Recuerdas a Martha Stewart? Hace unos años estuvo en prisión por uso de información privilegiada. La señora Stewart tenía acciones de la compañía farmacéutica ImClone System, una compañía biofarmacéutica, que en ese momento se hallaba haciendo pruebas para un medicamento llamado Erbitux, para el tratamiento del cáncer colonrrectal. Si ese medicamento hubiera tenido éxito la empresa habría generado mucho dinero y las acciones se hubieran disparado.

Samuel Waksal, CEO de ImClone System, divulgó entre sus familiares y amigos (entre ellos M. Stewart) que el uso de Erbitux no se aprobaría por la FDA. El 27-12-2001, un día antes que se hiciera pública la noticia, Samuel Waskal (CEO de Imclone) y su hija vendieron 10 millones acciones y Martha Stewart sus 230.000 acciones. Al otro día, la FDA hizo público que no aprobaba el uso del medicamento Erbitux y el precio de las acciones de la empresa se desplomaron.

Por esta maniobra con información privilegiada, Waksal fue sentenciado a siete años y tres meses de prisión sin libertad condicional y se le ordenó pagar más de $ 4 millones en multas e impuestos atrasados. Marta Stewart fue condenada cinco meses de detención domiciliaria y dos años de libertad bajo palabra, además del pago de 30.000 dólares de multa. La compañía ImClone System no pudo recuperarse y en 2006 fue adquirida por Eli Lilly.

Pero lo que hay que rescatar de la historia de la señora Stewart es que hay buenas ofertas en todas partes, sólo hay que estar atento al entorno. Realiza un seguimiento de los artículos y temas que te interesen y luego actúa. Warren Buffett hizo su carrera y miles de millones de dólares, tanto para él como para sus accionistas, estudiando a fondo e identificando empresas poco conocidas pero con un gran potencial que el mundo aún no conocía: acciones de bajo precio, pero de gran valor. No hay atajos para el éxito. Para ganar dinero en inversiones tienes que mantenerte actualizado, mirar con detenimiento tu entorno, identificar las tendencias y ser proactivo para encontrar valor más allá del precio.

Es justo también mencionar que las bolsas de valores tienen dos objetivos: atraer volumen de operaciones y que los precios de las acciones sean informativos del verdadero estado de la empresa. El primero de los objetivos es bastante simple: el objetivo de una bolsa de valores es atraer a gente intercambiando, es decir, comprando y vendiendo valores.

En lo que refiere al segundo objetivo, cuando utilizamos el término informativo me refiero a cierta exclusividad. Si la información es de dominio público, en términos financieros, es información obsoleta y no genera dinero puesto que la información ya está en el precio de las acciones. No se hace dinero con noticias obsoletas. Estar informado implica que aún la información no está reflejada en el precio de las acciones y los comerciantes que tienen esa nueva información realizan intercambios basados en esta información, incorporándola en el precio. El verdadero reto es descubrir cuál es el precio, pero con cuidado, porque es un camino muy angosto para transitar sin caer en la información privilegiada.

2.5. Opciones

Operar opciones es un tema complejo, pero intentaré hacer un acercamiento. Veámoslo con un ejemplo: cuando recibes un cupón de descuento para comprar una pizza recibes una opción: el cupón explica que antes de la fecha de vencimiento puedes presentarlo en la tienda especificada y obtienes el trato que allí se explica: puede ser un "lleva 2 paga 1", un descuento porcentual sobre la compra, etc. Así también hay opciones sobre las acciones que funcionan de manera similar a los cupones de pizzas. Estos cupones de descuentos de pizzas, helados y lavados de auto no los pagas, sino que los encuentras en una revista o los recoges en algún lugar, son gratis y no tienen valoración. Las opciones sobre acciones, en cambio, tienen un valor que sube o baja dependiendo de lo que le sucede a la acción subyacente, por eso las opciones se conocen también como **valores derivados**, porque derivan del valor de la acción subyacente. Los inversores compran y venden estas opciones sobre acciones en el mercado.

Las opciones pueden ser de compra o de venta; podemos comprar opciones de compra o podemos comprar opciones de venta, o bien vender opciones de compra. Una opción de compra (o de venta) es un contrato financiero que da la opción de comprar (o vender) una cierta cantidad de acciones, y como tenedor de esa opción tienes el derecho (no la obligación) de utilizar esta opción. Como en el caso de un cupón de lavado de autos, **tienes el dere-**

cho, pero no la obligación de utilizarlo, también puedes dejar caducar la opción. Al igual que las acciones, el precio de las opciones varían durante una jornada de mercado.

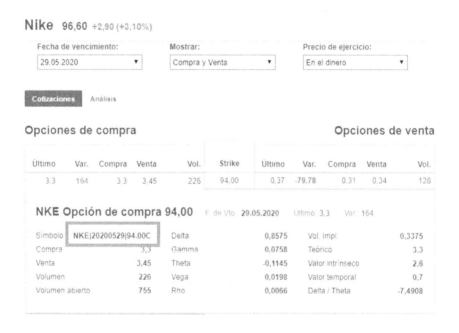

En este ejemplo vemos una opción de compra de Nike y es en el ticker (resaltado para este ejemplo en azul) donde está toda la información:

NKE   Nos indica que es una opción sobre Nike

20200529   Nos indica que la fecha límite para ejecutar esta acción es el 2020 - 05- 29

94.00   Es el precio, en este caso, de compra

C   Es una opción de Compra

Ejemplo: supongamos que compro hoy una opción NKE20200526994.00C que, tal como vemos en el cuadro, comprar esa opción hoy me costará $3.3. Lo que me queda es esperar a que **antes del 29-5-2020** la acción de Nike cotice a $105.- (es un numero al azar). Si llegara a ese precio, yo podría ejercer mi opción entonces la transacción:

Ejerzo mi opción de comprar a $94.- y la vendo en el mercado que cotiza a $105.-, es decir

pagué: $97.3 ($94 por la acción + $3.3 por la opción)

la vendo en el mercado a $105.-

Ganancia = $7.7.-

Si la acción de Nike al 29-5-20 no superara los $97.30, no ejerzo la opción y pierdo los $3,30.-

Capítulo 3. Otros activos del mercado de dinero y valores

3.1. Fondos de inversión (Mutual founds)

Esta es una inversión relevante y disponible para los inversores que estén interesados en invertir sin dedicar demasiado tiempo a investigar e informarse sobre acciones individuales u otros instrumentos. Básicamente, los fondos están conformados por personas con similar tolerancia al riesgo y aspiraciones rentables que realizan su aporte al fondo y compran "cuotas partes".

Los fondos mutuos comenzaron en Europa hace 200 años, y el primero en Estados Unidos comenzó en 1924 bajo el nombre de *Massachusetts Investor Trust*. No era un fondo muy popular porque en esos tiempos eran muy pocos los agentes que invertían en el mercado de valores. Con esos humildes comienzos y tras recorrer un largo camino se ha convertido en un mercado multimillonario, al punto de que a finales de 2013 en Estados Unidos se contabilizaron más de 15.000 fondos mutuos con un activo combinado de más de 17 billones.

Los beneficios de invertir en estos fondos son básicamente que no necesitas ser un inversor profesional para sacar beneficios del mercado, ya que son el administrador del fondo y su personal quienes realizan el trabajo de investigar nuevas inversiones y oportunidades y su principal función es la de maximizar los retornos en esa cartera. Otra ventaja a destacar es que, debido al volumen con el que trabajan, sus carteras son bien diversificadas, y eso definitivamente minimiza el riesgo.

Los fondos invierten en tres tipos de instrumentos:

Fondos de plazo fijo: son convenientes porque reúnen más capital y mejores tasas de retorno. Son de perfil conservador

Fondos de renta fija o bonos: invierten en títulos públicos o valores negociables. Son más volátiles, de perfil moderado.

Fondos de renta variable: invierten en acciones, y su rentabilidad depende de la variación de los precios de la cartera por la cual se haya invertido. Es el sugerido para inversores de perfil agresivos.

Existen otros fondos que son híbridos, es decir, que resultan de una combinación de estos 3 tipos de fondos.

Para simplificar la toma de decisiones son muchas las páginas web que listan los fondos mutuos, analizan su rendimiento y la composición de su cartera. En ellos también se lista el precio actualizado de cada cuota parte del fondo, su riesgo, entre otros datos.

El fondo mutuo conocido como *Vanguard Dividend Growth* (cuyo ticker es VDIG) tiene una calificación de cuatro estrellas, donde cinco estrellas son el máximo y tres estrellas el promedio que tienen la mayoría de los fondos mutuos.

Los aspectos a los cuales debes prestar especial atención son:

* el tamaño del fondo, ya que cuanto mayor sea el fondo disminuye proporcionalmente el riesgo,
* la comisión de gestión,
* cómo es el rescate (retiro de las cuotas-parte invertidas)
* el precio de las partes (la inversión mínima),
* el rendimiento en los últimos años,
* cómo el fondo hace frente a los períodos de crisis.

Hay suficiente información pública como para tomar decisiones acerca de cómo invertir tu dinero. Una página muy confiable que puedes utilizar es Morningstar.

Aquí es necesario hacer una aclaración

Que un fondo haya tenido resultados positivos durante los últimos 5 años no significa que durante los 5 próximos años también dará resultados positivos; siempre hay un riesgo.

Sin embargo, es válido tomar en consideración el pasado para proyectarlo hacia el futuro, porque estamos hablando de los administradores del fondo, de sus habilidades de gestión y sus visiones. Por eso, otra lectura válida que puedes hacer es analizar el rendimiento del fondo desde que el gerente actual asumió, y ser cauto si hay un gerente que apenas gestionó los últimos seis meses o un año, puesto que los últimos cinco o diez años no se les puede atribuir los éxitos a esa persona.

Otro tipo de fondos son los fondos indexados, como el *Vanguard 500 Index* (cuyo ticker es VDIGX): es una colección de acciones que representan un mercado de valores. Por ejemplo, el índice Standard and Poor's 500 (S&P 500) es una colección de 500 acciones que marcan la tendencia del mercado estadounidense. Invertir en un fondo indexado es una forma de invertir en el mercado en general y no en un sector en particular. Estos fondos son baratos porque no requieren gestión activa, sólo reflejan el mercado, y por ello se los llama fondos pasivos, baratos de comprar por gastos muy bajos y por ello se convierten en un instrumento tentador a la hora de invertir.

Los principales Fondos de Inversión por la cantidad de activos que gestionan, en millones de dólares.

Puesto	Gestor	País	Total de Activos
1	BlackRock	U.S.	$4,645,412
2	Vanguard Group	U.S.	$3,398,795
3	State Street Global	U.S.	$2,244,816
4	Fidelity Investments	U.S.	$2,035,658
5	Allianz Group	Germany	$1,926,034
6	J.P. Morgan Chase	U.S.	$1,722,503
7	Bank of New York Mellon	U.S.	$1,624,654
8	AXA Group	France	$1,489,132
9	Capital Group	U.S.	$1,390,432
10	Goldman Sachs Group	U.S.	$1,252,000
11	Deutsche Bank	Germany	$1,217,090
12	BNP Paribas	France	$1,195,853
13	Prudential Financial	U.S.	$1,183,673
14	UBS	Switzerland	$1,149,668
15	Legal & General Group	U.K.	$1,106,077
16	Amundi	France	$985,028
17	Wellington Mgmt	U.S.	$926,918
18	HSBC Holdings	U.K.	$896,000
19	Wells Fargo	U.S.	$890,300
20	Northern Trust Asset Mgmt	U.S.	$875,300

Fuente P&I/Willis Towers Watson World 500, al 31/12/2017

3.2. ETF (Exchange Traded Funds)

Estos fondos negociados en bolsa son productos de la evolución de los fondos mutuos antes mencionados. Surgieron por la necesidad de acelerar los tiempos: cuando inviertes en un fondo mutuo, la orden de compra o venta no se ejecuta hasta después de que cierren los mercados, es decir, al precio de la acción al momento del cierre del mercado (en muchos casos, por la fluctuación intradiaria, esto puede ser un fastidio).

Hace unos 20 años los fondos mutuos evolucionaron en fondos cotizados en bolsa o ETF, y se volvieron muy populares entre los inversores, al punto de que en este momento hay más de $1.000.000 invertidos en fondos negociados en bolsa. Vienen a representar una mejora de los fondos tradicionales, y son un híbrido de acciones y fondos mutuos tradicionales con las características de ambos: puedes comprarlos y venderlos, y tienen diferenciales entre oferta y demanda. Una característica a destacar es que estos fondos se centran en segmentos específicos de la industria, lo que los convierte en fondos indexados, es decir, indexan áreas micros del mercado. Se los puede clasificar en:

Sectoriales, replican los movimientos de un sector, como la industria farmacéutica, servicios petroleros, etc.,

Internacionales, agrupan empresas de un país fuera de Estados Unidos,

Los ETFs mas representativos y sus tickers

Los tres ETFs **más grandes** del mundo medidos por activos bajo gestión de mercados emergentes son:
* Vanguard FTSE Emerging Markets ETF – VWO
* iShares MSCI Emerging Markets ETF – EEM
* iShares MSCI EAFE ETF – EFA

Los ETFs más grandes del mundo medidos por activos bajo gestión que **replican índices** son:
* SPDR S&P 500 ETF – SPY
* iShares Core S&P 500 ETF – IVV
* Vanguard Total Stock Market ETF – VTI

Los ETFs más grandes del mundo medidos por activos bajo gestión vinculados al **mercado inmobiliario** son:
* Vanguard REIT ETF – VNQ
* iShares U.S. Real Estate ETF – IYR
* Schwab U.S. REIT ETF – SCHH

Los ETFs más grandes del mundo medidos por activos bajo gestión de **materias primas** son:
* SPDR Gold Shares – GLD
* iShares Gold Trust – IAU
* iShares Silver Trust

De base amplia, replican un activo o conjunto de ellos, como commodities, activos de alguna empresa, etc., (por ejemplo, una ETF puede estar basada en servicios petroleros, o en empresas minoristas o industria farmacéutica).

La ventaja que ofrecen los ETFs al inversor es que se especifican en un área del mercado. Al igual que las acciones estos fondos pueden venderse en corto y tienen ventajas fiscales. Dada la diversidad y su naturaleza, como inversor puedes enfocarte en un sector industrial pero con mayor amplitud que al comprar acciones. Invertir en ETFs es una estrategia de inversión muy interesante, la utilizan principalmente quienes están interesados en una industria, pero no disponen de tiempo para investigar acciones individuales y sin perder la flexibilidad de negociar como las acciones individuales y aprovechar los movimientos del mercado durante el día.

3.3. Índices del Mercado de Valores

Los índices bursátiles representan el pulso general del mercado. Son un registro estadístico que refleja el rendimiento de un mercado y las variaciones de precio de los activos que lo integran a través del tiempo. Los índices pueden ser de renta variable (acciones), renta fija y materias primas.

Charles Henry Dow, editor del periódico *The Wall Street Journal*, fundador de Dow Jones Industrial, era un periodista muy hábil para contar historias. En las décadas de 1860 y 1870 fue reportero y solía frecuentar los bares de Nueva York para entablar conversación con comerciantes en Wall Street. El reportero observó que cuando los traders de Wall Street se encontraban felices, al día siguiente los mercados eran favorables, mientras que los días en que los traders se encontraban deprimidos eran seguidos por jornadas en las que a los mercados les iba muy mal. Dow escribió acerca de esto e intentó cuantificar su observación realizando un seguimiento informal. En 1896 tomó los precios las acciones de 12 compañías ferroviarias (que en ese momento eran las más importantes puesto que el ferrocarril era un nuevo emergente en tecnología), los sumó, los dividió por el número 12 para sacar el promedio, y publicó este número.

El seguimiento del mercado se basó en la publicación del cálculo durante los días subsiguientes, dando comienzo al *Down Jones Industrial Average*. En la década de 1930, de 12 compañías en seguimiento pasó a 30 empresas, número que se mantiene hasta el día de hoy. En la actualidad, el índice Dow Jones es el promedio basado en las 30 empresas más representativas del mercado de valores.

La composición del índice ha cambiado sólo 53 veces en 120 años, por ejemplo, General Electric pertenece al Down Jones desde 1907. De esta manera, el Down Jones se convirtió en el primero de los índices, con el correr del tiempo se han multiplicado, como Standard and Poor's 500 (S&P500). Este último amplía el Down Jones de 30 empresas a las 500 acciones que consideran más representativas del mercado.

¿Cuál es la diferencia entre el promedio de Down Jones y el S&P 500? Específicamente, el Dow Jones Industrial Average es lo que se llama precio ponderado, mientras que el S&P 500 se llama valor ponderado. Lo que no toma en cuenta el Down Jones es que hay empresas de diferentes tamaños dentro de ese índice: si una gran empresa subió un 5% y una más pequeña también subió un 5%, importa el precio ponderal y no el tamaño relativo de esas empresas. Esto es un problema si una compañía de gran tamaño retrocede un 5% porque no se compensa con el crecimiento de un 5% de una compañía pequeña. Este índice no tiene en cuenta eso. En cambio, el S&P 500 calcula la capitalización de mercado de cada una de las 500 empresas utilizando solo la cantidad de acciones disponibles para ser compradas o vendidas por el público (denominado el capital flotante). Esto significa que el movimiento de precio de las acciones individuales en este índice está ponderado por el tamaño relativo de esa empresa y no por cómo cambian sus números. La importancia yace en cómo se modifica este número en función del tamaño de la empresa dentro del índice, donde se producen estos cambios de precio, lo que hace que sea más representativo del pulso del mercado. Otros índices relevantes son:

IBEX 35, formado por las 35 empresas con mayor liquidez de España,

El **NASDAQ 100**, compuesto por los valores de las 100 principales compañías,

El **NASDAQ Composite**, que incluye todos los valores que componen el Nasdaq,

El **NIKKEI**, compuesto por los 225 principales valores de la bolsa de Tokio,

Compañías que integran el Down Jones Industrial Average

Compañía	Símbolo	Industria	Fecha de Ingreso
3M	(NYSE: MMM)	Industria diversificada	1976-08-09
American Express	(NYSE: AXP)	Servicios financieros	1982-08-30
Apple	(NASDAQ: AAPL)	Informática	1976-04-01
Boeing	(NYSE: BA)	Industria aeroespacial e armamentística	1987-03-12
Caterpillar, Inc.	(NYSE: CAT)	Industria automotriz	1991-05-06
Chevron Corporation	(NYSE: CVX)	Industria petrolera	2008-02-19
Cisco	(NASDAQ: CSCO)	Tecnología y telecomunicaciones	2009-06-08
Coca-Cola	(NYSE: KO)	Bebidas	1987-03-12
Dow inc stock price	(NYSE: DOW)	Industria química	1935-11-20
ExxonMobil	(NYSE: XOM)	Industria petrolera	1928-10-01
Goldman Sachs	(NYSE: GS)	Banca	2013-09-20
Home Depot	(NYSE: HD)	Minoristas	1999-11-01
Intel	(NASDAQ: INTC)	Semiconductores	1999-11-01
IBM	(NYSE: IBM)	Informática	1979-06-29
Johnson & Johnson	(NYSE: JNJ)	Industria farmacéutica y bs. de consumo	1997-03-17
JPMorgan Chase	(NYSE: JPM)	Banca	1991-05-06
McDonald's	(NYSE: MCD)	Restaurantes de comida rápida	1985-10-30
Merck	(NYSE: MRK)	Industria farmacéutica	1979-06-29
Microsoft	(NASDAQ: MSFT)	Software	1999-11-01
Nike	(NYSE: NKE)	Industria textil	2013-09-20
Pfizer	(NYSE: PFE)	Industria farmacéutica	2004-04-08
Procter & Gamble	(NYSE: PG)	bienes de consumo	1932-05-26
The Travelers Companies	(NYSE: TRV)	Seguros	2009-06-08
UnitedHealth Group	(NYSE: UNH)	Salud	2012-09-24
United Technologies Corporation	(NYSE: UTX)	Industria aeroespacial	1939-03-14
Verizon Communications	(NYSE: VZ)	Telecomunicaciones	2004-04-08
Visa	(NYSE: V)	Banca	2013-09-20
Wal-Mart	(NYSE: WMT)	Minoristas	1997-03-17
Walt Disney	(NYSE: DIS)	Telecomunicaciones e industria del entretenimiento	1991-05-06

3.4. Bonos

Los bonos son títulos que representan un préstamo de dinero. El bonista, quien emite la deuda, puede ser una empresa (bonos privados) o un gobierno (bonos públicos). Mientras que puedes tener las acciones el tiempo que desees, los bonos tienen vencimiento. La tasa de interés que paga se llama "cupón" y puede ser fijo, (es decir, una tasa preestablecida) o flotante (que derive de otra tasa de referencia). Habitualmente, las tasas que ofrecen los bonos compiten con la tasa de los plazos fijo.

Si bien los bonos son una inversión de bajo riesgo, debes recordar que por definición toda inversión está sometida a riesgos. Al momento de evaluar la adquisición de un bono y convertirte en acreedor, es necesario considerar la posibilidad de insolvencia o incumplimiento del deudor. Para ello existen calificadoras de riesgo. Las calificaciones representan la calidad de los bonos (deuda): una calificación AAA es la mejor calificación que puede tener un bono; significa que el riesgo de los inversores es prácticamente nulo. Los bonos basura BB son bonos que conllevan un riesgo relativamente alto, y por lo tanto son rendimientos muy altos. Las principales agencias calificadoras de riesgo son: *Standard and Poor's, Fitch* y *Moody's.*

En el año 2011 Standard and Poor's bajó la calificación de la deuda del gobierno de Estados Unidos de AAA a AA, armando un gran revuelo porque esa rebaja representaba un mayor riesgo, y se traducía en el aumento del costo del préstamo. Todos, como individuos, tenemos un puntaje de riesgo: un 820 es el equivalente a una buena calificación, y con él tienes acceso a tarjetas de crédito con mejores tarifas porque eres considerado como un individuo de bajo riesgo. Un puntaje alrededor de los 650 puntos sería el equivalente a bonos basura; si eres un individuo de alto riesgo probablemente no obtengas el dinero que estás buscando y las tarifas se encarecerán por inconvenientes en el mercado. Con los bonos ocurre lo mismo: cuando reducen la calificación de un bono aumentan los costos del préstamo y es mucho más difícil pedir prestado. La misma lógica se aplica a un individuo, a una compañía o a un país.

Los bonos están inversamente relacionados con la tasa de interés vigente en la economía. Esto quiere decir que cuando las tasas de préstamos suben, los precios de los bonos bajan, y si las tasas de endeudamiento bajan el precio de los bonos sube. Esto ocure porque cuando las tasas de interés son bajas el bono tiene un interés mayor en relación con lo que está pagando en la economía por inversiones de riesgo similares. La gente no va a comprar un bono a una tasa de interés menor si pueden hacerlo con una mejor tasa en el mercado abierto; tienes que prometerle a la gente un retorno en ese bono más alto para que lo compren. Si la economía tiene tasas de interés muy altas, los inversores preferirán las tasas de interés a los bonos, y eso determinará el precio de estos.

Para hacer dinero con los bonos primero debes tener en claro cuál es el objetivo de la inversión, y si es de corto o largo plazo. Si tu meta de inversión es de corto plazo, entonces céntrate en los bonos de vencimiento más corto, mientras que si tus objetivos son de largo plazo serás indiferente a las fluctuaciones interanuales. Para obtener mayores rendimientos en bonos hay múltiples opciones y estrategias a la hora de gestionar carteras de bonos, cada una de ellas con sus riesgos y recompensas. La principal motivación para invertir en bonos es que fuentes de ingresos seguros y predecibles. Este enfoque conservador atrae a los inversores que buscan ingresos y no están dispuestos a hacer predicciones. Las estrategias intermedias (indexación e inmunización) ofrecen seguridad y previsibilidad mientras que las estrategias activas son para inversores avanzados. Todas las estrategias tienen posibilidades de alcanzar los objetivos si se implementan correctamente. Las estrategias mas habituales:

Estrategia Pasivas (o Comprar y Sostener)

La estrategia más utilizada es la "Escalera de bonos". Es una de las formas más comunes de inversión pasiva en bonos, y se basa en invertir en vencimientos de estilo escalonado:

Ejemplo: tenemos 10.000 para invertir en bonos y lo invertiremos en 5 bonos diferentes de la siguiente manera:

Invertimos $2.000 en un bono que vence a fin de año, 20X1

Invertimos $2.000 en un bono que vence a final del año 20X2

Invertimos $2.000 en un bono que vence a final del año 20X3

Invertimos $2.000 en un bono que vence a final del año 20X4

Invertimos $2.000 en un bono que vence a final del año 20X5

De manera que, por la fecha de vencimiento, recibimos cupones periódicamente.

Estrategia de indexación de bonos (o cuasi pasiva)

Es un tipo de inversión que se considera cuasi pasiva y cuyo objetivo principal es proporcionar un retorno y un riesgo estrechamente vinculados al índice elegido. Es más flexible que la compra y la retención pasiva. Al igual que las acciones, una cartera de bonos se puede estructurar para imitar un índice de bonos. Una estrategia habitual es replicar el *Barclays U.S. Aggregate Bond Index*.

Estrategia de inmunización de bonos (o cuasi activa)

Es una estrategia que tiene las características activas y pasivas. La inmunización pura implica invertir en una cartera para obtener un rendimiento definido durante un tiempo específico, independientemente de factores externos tales como fluctuaciones en las tasas de interés. Los bonos más adecuados para esta estrategia son los de alto grado con mínimo riesgo. Un ejemplo de esta estrategia sería invertir en un bono de cupón cero y hacer coincidir el vencimiento del bono con la fecha que se espera que necesites el flujo de efectivo

Estrategia dedicada y activa de bonos

El objetivo es maximizar el retorno total, aunque conlleva un mayor riesgo. Este estilo activo de gestionar los bonos incluye la anticipación de las tasas de interés en el tiempo en múltiples escenarios, en donde el inversor está dispuesto hacer apuestas acerca de cuánto estarán las tasas de interés en el futuro.

Capítulo 4: Operaciones en el mercado de valores

El mercado de inversiones no es como el mercado de comestibles en el que acudes a servirte lo que deseas, sino que tienes que recurrir a intermediarios que son los que ejecutan, en forma de órdenes, las instrucciones que nosotros les damos

.Una orden de mercado es una orden de compra o venta de acciones (de un ticket), donde se indica la cantidad de acciones que se quieren comprar o vender y el precio. Una orden límite especifica tanto la cantidad como el precio que se está dispuesto a intercambiar: si es una Orden de Compra Limitada por el número de acciones de una acción, el precio representa el límite de precio de compra (en el caso de que se tratara de una orden de compra). El precio de una Orden de Compra Limitada representa un límite máximo que está dispuesto a comprar, y que tácitamente se acuerda que se está dispuesto a comprarlo a un mejor precio o precio más bajo. Lo mismo ocurre con la Orden de Venta Límite. Sin embargo, tal como se especificó con el precio, existe un riesgo con la orden: que no se ejecute si el mercado no convalida ese precio. Si no se ejecuta a un precio determinado, la orden desaparecerá después de que termine el intercambio ese día.

Otro caso son las órdenes **stop loss**, que son una forma de ponerle precio a una inversión y que cuando ese precio se alcanza, se ejecuta automáticamente la venta. Por ejemplo: si compras una acción a $14, y tras unos meses llega a $22, sería inteligente poner un stop loss a $20, es decir, estas dando la orden que si la acción baja se venda a $20 automáticamente, y tú te quedarías con una ganancia de 6. Este es el caso de una orden de venta limitada, con la que puedes vender demasiado pronto porque el riesgo es quedar fuera del precio convalidado por el mercado.

Los fundadores de los mercados, por ejemplo, de la bolsa de Nueva York en 1792, decidieron ser los "guardianes". Estos 24 corredores de bolsa fundadores se reunieron y dijeron que todo el comercio fluiría a través de ellos. Los fundadores fueron: John Bush, Andrew D. Barclay, Leonard Bleecker, Hugh Smith, Armstrong y Barnewall, Samuel March, Bernard Hart, Alexander Zuntz, Sutton y Hardy, Benjamin Seixas, John Henry, John A. Hardenbrook, Samuel Beebe, Benjamin Winthrop, John Ferrers, Ephraim Hart, Isaac M. Gomez, Gulian McEvers, Augustine H. Lawrence, GN Bleecker, Peter Anspach, Charles McEvers, Jr., David Reedy, Robinson y Hartshorne.

Esencialmente, sigue funcionando de la misma manera, aunque la tecnología ha realizado actualizaciones.

Capítulo 5. Los ratios financieros

Habrás notado que no hay números buenos o malos en las finanzas, sino que siempre son números relativos: toman valor cuando los comparamos, por ejemplo, con industrias del mismo sector.

En la industria de servicios petroleros, una empresa como National Oilwell Varco (con el ticker NOV) frecuentemente se relaciona con empresas como Slumberger o Halliburton, porque son del mismo grupo de empresas que prestan servicios similares: se consideran empresas similares y comparables. Comparar números financieros de estas compañías nos ayuda a medir el estado de una compañía en relación con sus compañeros de sector, convirtiéndose en elementos necesarios al momento de la toma de decisiones.

Al momento de analizar una compañía como inversionistas podemos abordarlo desde diferentes ratios:

Ratios de Liquidez: Indican la capacidad de la compañía de hacer frente a sus obligaciones a corto plazo.

Ratios de Solvencia: Refleja hasta qué punto la compañía está endeudada y el respaldo que tiene frente a las deudas totales (deuda/patrimonio)

Ratios de Gestión: Evalúa los efectos de las decisiones y políticas que toma la empresa en asuntos tales como activos, inventarios, pagos o cobros. Estos ratios cuantifican la eficacia con la que se utilizaron los recursos disponibles a partir de calcular rotaciones de partidas de balance, estructura de inversiones y similares.

Ratios Bursátiles: Se utilizan cuando la compañía cotiza en bolsa: muestran a los inversionistas la valoración de la compañía

Ratios de Rentabilidad: Analizan la eficiencia de la empresa en el uso de sus activos.

SINTESIS de Inversiones

En esta primera parte hemos enumerado diferentes formas de invertir, desde las más conservadoras como una cuenta en una caja de ahorro, hasta instrumentos más sofisticados en el mercado de valores. El fin es alcanzar un portafolios diversificado que incluya la solidez de las inversiones seguras con la rentabilidad de las inversiones más arriesgadas. Una vez definido el horizonte temporal y nuestro perfil de riesgo, diseñaremos un portfolio teniendo presente que:

* Invertir en una caja de ahorros carece de riesgo, por lo tanto, es una inversión poco rentable.

* Con bonos y acciones las empresas recaudan dinero y los ponen a disposición en el mercado de valores.

* Las acciones pueden clasificarse según sean compañías líderes o emergentes, según su liquidez, según su valor o crecimiento y según su capitalización.

* Las acciones también pueden ser ordinarias (la mayoría con opción a voto) o preferidas (con reparto de dividendos).

* Para operar acciones a largo plazo se consultan diferentes análisis de las compañías (balances, estados de resultados) que para realizar operaciones de compraventa intradiarias (Volumen diario, liquidez).

* Las compañías se agrupan en sectores industriales dentro del mercado de valores.

* Es importante trazarse estrategias con valores mínimos y máximos para evitar el efecto de disposición y demás aspectos emocionales que pueden sabotearnos.

* Los principales mercados americanos son NYX (la bolsa de New York y Euronext), Nasdaq (mercado virtual) y NYSE American (enfocada en ETFs).

* Las Opciones son derivados de las acciones y pueden ser de compra o de venta.

* Los Fondos de Inversión están constituidos por inversores con perfil de riesgo e intereses de inversión similares y gestionados por grupo de profesionales.

* Los instrumentos en los que invierten son: plazos fijos, renta variable o acciones, renta fija o bonos.

* Los ETFs son fondos cotizados más flexibles que los Fondos de inversión y más amplio que las acciones.

* Los Índices de Mercado permiten conocer el comportamiento del mercado y su evolución. Invertir en ellos sólo es posible mediante derivados como opciones o futuros.

* Los Bonos son títulos de deuda pública o privada, que pagan un cupón hasta el vencimiento. Las estrategias pueden ser activas, pasivas o intermedias. Si la calificación de un bono disminuye el costo de endeudamiento aumenta.

* Los Ratios son herramientas que nos permiten valorar la situación financiera de una compañía.

SEGUNDA PARTE:

Seguros,

La estrategia defensiva

Los seguros son los principales instrumentos en una estrategia puramente defensiva, cuyo fin es proteger tus bienes, salud, ahorros, etc. Los seguros realmente pueden ayudarnos a maximizar la calidad de vida al preservar nuestras posesiones ante un evento adverso: se ocupan de los riesgos, y la premisa fundamental es: cuanto mayor es la probabilidad, mayor son el riesgo y el costo. La mejor forma de lidiar con el riesgo no es evitarlo, sino controlarlo, tomando ciertos recaudos. A modo de ejemplo: a una zona peligrosa de la ciudad es mejor ir de día y acompañado que de noche y solo. Habiendo hecho todo lo posible para reducir la probabilidad de eventos adversos, lo siguiente que nos queda es asumir el riesgo o **transferir el riesgo** a alguien que asumirá el riesgo por dinero. Las aseguradoras asumen tu riesgo a cambio de las primas que pagas. Otra forma de transferir el riesgo, como hemos visto antes, es comprar opciones sobre un activo financiero con el fin de protegerlo si baja su valor.

Capítulo 6: La economía de los seguros

El modelo de negocio de las aseguradoras se sostiene porque es más el dinero que ingresa y son más quienes compran pólizas y pagan prima, que el dinero que luego reclaman en pérdidas. Compramos una póliza de seguro cuando se trata de grandes pérdidas, aunque tenga muy poca probabilidad de ocurrencia. Las *primas* de un seguro, es decir, lo que pagas mensualmente, se calculan en función de las pérdidas esperadas, por lo tanto, las primas son manejables. La industria de los seguros está dirigida básicamente a los **Productores de Cuotas**. Tomemos el ejemplo de las apuestas de algún evento deportivo: los antecedentes estadísticos se toman en cálculos para determinar las probabilidades: un 50% apostará que el equipo A ganará y aproximadamente el 50% dirá que el equipo B ganará, y se establecerán las probabilidades para que eso suceda. En la industria de los seguros los *fabricantes de probabilidades* son los responsables de calcular las primas que te cobrarán según tu propensión al riesgo, que puede impactar en esta probabilidad del evento adverso. En el caso de un seguro de autos se tratará de algún accidente, en el seguro de salud se tratará de enfermedades o de estudios médicos, en el seguro de vida se tratará de que pierdas la vida. Los creadores de probabilidades calculan qué cuota es la adecuada para cobrarte según a qué grupo de riesgo perteneces, ya que no es una talla única para todos. El desafío de los creadores de probabilidades es encontrar el precio justo que para tí no sea demasiado caro (para que compres el servicio) pero que la prima sea suficiente para solventar el retorno de su inversión. El objetivo es encontrar un precio justo para la póliza a un precio adecuado.

Para el cálculo de las primas, las compañías de seguro se preocupan principalmente por dos asuntos: el **riesgo moral** o la acción oculta y la **selección adversa**, también llamada información oculta. Las compañías de seguro intentan obtener la mayor cantidad de información de sus clientes, tanto sea de su temperamento como de sus preferencias, y dan por supuesto que uno no les dirá todo para no pertenecer a una categoría de mayor riesgo (y que sea más cara la prima). Por lo tanto, existe una compensación entre las compañías de seguros y el consumidor, en donde la selección adversa (la información que no has dado) y el riesgo moral es la acción oculta. Explicado de otra manera, la compañía de seguros no puede vigilarte las 24 horas al día, no sólo porque está prohibido sino porque le resultaría muy costoso, por lo que debe confiar en tu palabra (lo que digas acerca de tí mismo) y en que no harás nada demasiado loco o estúpido que aumentara las posibilidades de algún evento indeseado y que ellos deban pagar por tus acciones. Para evitar ese riesgo moral intentarán desincentivarte de esas acciones, por ejemplo, al pedir que declares cualquier pasatiempo de fin de semana que pueda ser arriesgado (carreras de autos, deportes extremos), porque sino aumentará el riesgo y, consecuentemente, el precio de la póliza. La compañía te lo impedirá o explícitamente te prohibirá esas actividades si contratas una póliza con ellos, o en caso contrario, si te niegas a modificar tu estilo de vida la póliza será muy costosa. Si mientes al brindar la información y ellos lo descubren puede ser una buena excusa para no pagarte en caso de accidente.

Los seguros mantienen los costos porque diversifican, aseguran a una gran cantidad de gente y estadísticamente es muy baja la probabilidad de que muchas personas experimenten eventos adversos al mismo tiempo. Por lo tanto, la apuesta de las compañías de seguro es ganar más dinero cobrando las primas que los egresos que le causan quienes presentan reclamos para que se les pague.

El modelo de negocio funciona siempre, excepto cuando suceden eventos severos tales como desastres naturales. Por ejemplo, cuando Katrina arrasó con Nueva Orleans, muchas compañías de seguro pequeñas no pudieron hacer frente a la catarata de reclamos que les llegaban y quebraron. Sólo **las grandes** compañías con un caudal de clientes diversificado geográficamente pudieron compensar el desembolso y siguen en pie. Aunque, por definición, las primas de seguro son sobre pérdidas esperadas.

Si eres una persona saludable la compañía de seguros calcula por estadística que utilizarás las instalaciones médicas menos veces que otra persona que se considera menos saludable, y por lo tanto sería justo que te corresponda una prima más baja que a la otra persona. Pero también hay que tener en cuenta que si una persona cruza un cierto umbral de salud, que ya está demasiado enfermo, el costo de la prima para esa persona sería tan alto que ni siquiera podría comprar una póliza. En estos casos esa persona tiene una **póliza con un precio fuera de mercado.** Un ejemplo diferente sería si eres fumador y deseas firmar una póliza con una compañía que tiene una cláusula para no fumadores: suscribes al seguro una prima de un precio menor y con el correr del tiempo tienes complicaciones de salud derivados de tu situación de fumador. La compañía aseguradora, al darse cuenta de que has tergiversado información, puede negarte toda su cobertura, por lo que puedes haberte ahorrado algún dinero en las primas pero al final resulta ser una decisión poco inteligente.

Capítulo 7. Seguros de vida

El concepto de pólizas de vida comenzó con los soldados romanos: cuando iban a la batalla sabían que podían perder la vida o regresar mutilados o incapaces de seguir trabajando. Antes de la batalla reunían todos sus recursos en una hoja proverbial y se lo confiaban a un hombre que sería el responsable de dividir el contenido de la olla entre los miembros de la familia de quien muriera. Aún se sigue conservando el espíritu del seguro de vida (a término), donde el beneficiario elegido obtiene el valor nominal de la póliza.

Los **seguros a término** surgieron cuando el promedio de vida era entre 20 y 30 años. Ese seguro de plazo se vuelve más caro a medida que envejeces, y esto es porque cuando eres muy joven tienes poco riesgo de perder la vida, entonces la prima es más barata. A medida que envejecemos es cuando más necesitamos un seguro y es más costoso, lo que significa que se puede obtener un precio fuera de mercado (mas lo necesitamos, pero la compañía de seguros no puede llevarlo al mercado al precio con el valor real porque nadie podría pagarlo). A medida que la gente comenzó a llevar vidas más largas se introdujo la **póliza de vida entera con seguro a término** (*whole life policy*) que sostiene que cuanto más joven, sobrepagarás tus primas con un sobreprecio. Esa diferencia entre la prima real y lo que necesitas se acumula en una cuenta de ahorros a tu nombre dentro de la póliza en lo que se llama *acumulación de valor efectivo*. El valor efectivo acumulado es como un pago anticipado en esa cuenta de ahorro para períodos posteriores, cuando tu protección contra la muerte tendría que ser reforzada. Por ello, sobre el fundamento de que a medida que envejecemos aumenta el riesgo de muerte y por consiguiente deberían aumentarnos la prima, cuando somos jóvenes pagamos una prima mayor a la que le corresponde para el riesgo de edad, pero estamos subsidiando los pagos de las primas posteriores. Entonces, en el transcurso de nuestra vida estaremos pagando constantemente el mismo monto de la cuota, aunque la usemos con diferente intensidad.

Este sistema tuvo críticas muy fuertes. Básicamente, la gente no estaba satisfecha con este sistema por la política de precios. No cambiaban las primas ni la protección de deuda, por un lado, y no se ajustaba por inflación, por el otro. Así las dos partes comenzaron a preguntarse, ¿las compañías de seguro quieren que vivas más o que mueras joven? Y la respuesta contable es que prefieren largas vidas saludables pagando primas, financiándote pólizas a través de su cuenta de ahorro. Esto significa que, si comenzaste a pagar a los 20 años y vives hasta los 80 años, el valor en efectivo acumulado es suficientemente grande como para pagar a los beneficiarios, pero porque tú has financiado tu propio beneficio por muerte. Mientras que sí vives una corta vida a tus beneficiarios habría que pagarle más por la póliza. El monto de la

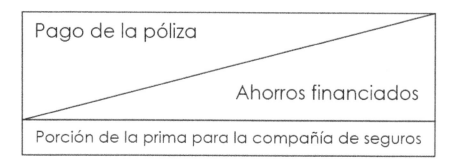

suma es decreciente a medida que aumentan los años.

Las críticas que recibió este sistema es que era inflexible, que si se vivía una vida corta sería costoso para la compañía de seguros: la compañía debería desembolsar demasiado dinero extra para pagarle a sus beneficiarios, y esa cantidad que desembolsaban las compañías disminuye a medida que se envejece con la póliza.

Con todas estas visiones la industria de los seguros ideó la **póliza universal de vida** que era más transparente y flexible tanto en su componente de ahorro como en el beneficio por fallecimiento. La póliza flexibilizó tanto las primas que si perdías el trabajo podías permitirte pagar menos de prima temporalmente y entraría el componente de ahorro durante ese período. A medida que tu situación mejorara podrías recuperar los pagos nuevamente. Esa flexibilidad fue bien recibida por los consumidores; sin embargo, la principal crítica era que el valor se estaba invirtiendo en valores de renta fija, que si bien tiene menos riesgo, también es menos rentable. Por lo tanto, la acumulación de valor sería más lenta porque por definición los bonos son instrumentos más seguros, es decir, menos rentables, y por lo tanto las pólizas tomarían más tiempo para generar retornos y crecer. Si se invertía ese dinero en el mercado de valores crecería más rápido. La industria de los seguros escucho las críticas y la solución fue las **primas de vida variable** (*variable life policies*) que se convirtieron en 401(k) como póliza de inversión.

Una póliza de vida variable era más una póliza de inversión, lo que llevó a las personas a cuestionarse la función del seguro. En principio, el seguro estaba destinado principalmente para protección y seguridad, pero luego se convirtió más en una póliza de inversión, que podía hacerla más conveniente para el consumidor. Al ver los bajos rendimientos comenzaron todos a preguntarse, ¿Es necesario un seguro? Si tienes gente que depende de tus ingresos, esa póliza los cuidará, mientras que si eres soltero, probablemente no lo necesitas en este momentos pero sí quizás en el futuro. Y con esto viene la queja de los más jóvenes, ya que su dinero se va en las primas y no lo ven a menos que algo les suceda, por lo que para ellos es como un agujero negro donde van a parar sus ahorros.

Si quieres calcular el monto por el cual sacar un seguro, sugiero que tomes nota de los gastos durante un período de tiempo bastante largo, como un año, y calcules cuánto es el gasto mensual para ti y tu familia. Una vez que conozcas la cifra, multiplícala por 20 o 25 años, según cuántos años esperas que tus dependientes reciban el beneficio. Es mejor sobreestimar que subestimar.

Convenios de liquidación por adelantado

Estos convenios se hicieron muy populares en los años 80 a raíz de la epidemia del SIDA en Estados Unidos, que fue devastadora. Gran parte de la población murió a causa de esta enfermedad que nadie entendía. Muchos hombres y mujeres se vieron afectados, lo que fue realmente trágico. Muchas de estas personas tenían pólizas de vida muy caras, pero no tenían acceso a esa póliza hasta que fallecieran y eran los beneficiarios quienes obtenían el dinero, pero en realidad eran las víctimas que en ese momento estaban sufriendo y necesitaban dinero tratamientos médicos y estudios y no lo podían retirar.

Ese fue el comienzo de los convenios de liquidación por adelantado, que involucraron a empresarios y compañías que compraban pólizas a relaciones de $0.60/1, $0.5/1 según la urgencia del vendedor. El convenio implicaba que las compañías compraran pólizas de seguro de vida y luego se convertían en beneficiarios de esas pólizas. Por ejemplo: una persona estaba asegurada con una póliza de $1.000.000, pero la compañía de seguros daría a los beneficiarios ese dinero al momento del fallecimiento. Si la persona que estaba pagando su póliza estaba muy enferma y con necesidad de dinero, para hacerse de ese dinero en vida vendía su póliza en una relación $0.50/ $1. Entonces, quien estaba enfermo recibía $500.000 en efectivo para costear su enfermedad y quedaba fuera del juego, y quien compró la póliza (quien le pagó esos $500.000) esperaba a que falleciera y cobraba la póliza de $1.000.000. De esta manera, cuanto más corta era la vida de esa persona, más lucrativo se volvía el negocio para la entidad compradora. Esto fue una gran industria durante los años 80 y 90 ya que muchas compañías se involucraron en el negocio (que aún persiste) y su principal nicho eran quienes padecían alguna enfermedad y necesitaban grandes cantidades de dinero para tratamientos médicos.

Las compañías de seguros vieron el negocio y el potencial, y asumieron parte de la actividad. Hoy, una compañía de seguros puede comprar bajo ciertas circunstancias en centavos de dólar y obtener el mismo resultado en lo que se conoce como Convenio de liquidación por adelantado.

Capítulo 8. Seguros de Propiedad

Asegurar una propiedad implica dos aspectos: la pérdida de valor económico y la responsabilidad (que la pérdida no sea resultado de un acto negligente). El seguro se basa en el principio de la indemnización, es decir que tienes el derecho al pago sólo si sufres una pérdida. Es importante ir actualizando el precio de la propiedad y del seguro si te interesa estar cubierto adecuadamente en todo momento.

Un par de conceptos relevantes para mencionar:

Coseguro es cuando dos o más aseguradoras ofrecen cobertura sobre un mismo riesgo al mismo tiempo.

Subrogación es cuando una compañía de seguro conserva el derecho a recuperar el monto pagado por la póliza mañana. Tú le das derecho a la compañía de seguros a cobrar los daños a la otra parte en un accidente o situación adversa, y la compañía entonces puede pagarte primero e ir a cobrar a un tercero para intentar recuperar el monto pagado por la póliza.

Seguro de propietario de vivienda

La póliza de propietario no implica que debas ser propietario de una vivienda para tener una póliza relacionada con tu vivienda. La póliza HO4 (*HO4 policy*) es una **póliza para inquilinos**. Si alquilas y deseas asegurar tus pertenencias compra una póliza HO4, porque si algo le sucede a la propiedad, la póliza cubre el edificio

CASO KATRINA

En agosto del 2005 el huracán Katrina arrasó Nueva Orleans, provocando muerte y destrozos en miles de viviendas. La mayoría de los propietarios tenían seguros contra huracanes y no contra inundaciones, que fue lo que causó la mayor parte de la devastación. Las compañías de seguros utilizaron este tecnicismo para no pagar, ya que consideraron que el daño no lo había causado el huracán sino la inundación.

o el departamento que estás alquilando al dueño de la propiedad. Tus propias cosas dentro del departamento, a su vez, necesitarían otra póliza. La póliza H05 es la póliza habitual contra **daños de la casa y su contenido**, sean causados por un riesgo o peligro no excluido específicamente que hablamos al comienzo. La póliza H06 es la póliza del **propietario dentro de un condominio**, es decir donde la propiedad consta de áreas privadas y algunas áreas públicas. Si bien la mayoría contempla actualizaciones de valor de las propiedades, es necesario leer detenidamente las pólizas estándar ya que a menudo no incluyen terremotos, tornados, inundaciones, actos de guerra etc.

Debes llevar bien actualizada la contabilidad de las primas pagadas para calcular los deducibles. Los deducibles son la suma de dinero que la compañía de seguros no pagará si ocurre el siniestro: si tienes un seguro con deducibles, debes desembolsar primero un monto estipulado, mientras que el seguro cubrirá el monto que supere ese deducible pactado en la póliza. Asimismo, los deducibles siempre tienen un valor mínimo que deberás pagar al solicitar la indemnización. Habitualmente los contratos se firman por 5% en daños materiales y 10% por robo total. Por ejemplo, si te roban un auto de USD $20.000, deberás pagar USD $2.000 y la aseguradora pagará el monto restante. A la hora de ajustar el presupuesto mensual, debes afinar bien el lápiz para que el monto del deducible sea manejable al momento del siniestro, mientras que no siempre aumentar los deducibles con el fin de bajar la cuota mensual será buena idea.

Capítulo 9. Seguros del automóvil

Son cuatro los aspectos de las pólizas de seguro de automóviles:

* **Responsabilidad civil:** es lo que la compañía de seguros le paga a la otra parte en un accidente cuando tú eres el responsable. Incluye otro tipo de propiedad como postes, edificios o daños causados a la vía pública y otras estructuras contra las que pudieras chocar,

* **Cobertura para motoristas sin seguro:** está relacionado con los pasajeros en el automóvil, si se ha chocado a alguien que no estuviera asegurado, o en el caso de gastos incurridos tras un choque con un motorista sin seguro o que se dé a la fuga del lugar del choque,

* **Daños a tu propio automóvil** en ocasión de vuelco o choque contra otro auto o estructura (muro, alumbrado, etc.),

* **La cobertura de gastos médicos:** esta cobertura incluye los gastos médicos por tratamiento, hospitalización, honorarios generados por los daños sufridos en el accidente, tanto al conductor como a los pasajeros.

En caso de algún accidente, suponiendo que no es nada importante, escribe una descripción del vehículo, toma fotografías, llama a la policía de inmediato y luego contacta con tu agente de seguro lo antes posible. La policía es importante porque no estaba allí en el momento del siniestro, y por lo tanto tendrá que recrear la escena lo mejor que pueda en función de lo que escuchan de ti, de la otra parte o de cualquier testigo ocular. En un proceso de armar las piezas del hecho, el informe es un componente importante para que las compañías de seguro decidan quién ha sido el responsable, ya que es muy poco probable que las culpas y las pérdidas se dividan en un 50-50 entre ambos. El informe policial es una parte muy importante del proceso, por eso es fundamental que estés presente y des tu versión.

Las primas de seguro de auto

Hablemos un poco acerca de los componentes que consideran las compañías a la hora de fijar una prima para cobrarte:

Un componente importante a tener en cuenta es **dónde utilizarás el automóvil**, puesto que no es lo mismo transitar en una universidad, condominio, pueblos pequeños, que en una ciudad como Indianápolis, Chicago o con similar volumen de tráfico. Todo se basa en las probabilidades de accidente. Cuantas más millas promedio conduzcas, mayor será el tiempo sobre el asfalto y tendrás más probabilidades de que algo malo pueda sucederte. Si **utilizarás** el auto para ir a buscar a los niños a la escuela tu prima será mucho menor que si trabajas con el vehículo. Tus **características personales** también cuentan a la hora de fijar una prima para tu seguro: si has tenido citatorios de tránsito, violencia, multas, aumenta el riesgo percibido como titular de una póliza. Antecedentes penales, historial de manejo, multas por exceso de velocidad son también factores que intervienen a la hora de determinar tus primas. El **tipo de automóvil** que conduces también es importante para el cálculo, ya que no tiene el mismo costo reparar un BMW que un Sedán fabricado por Ford. Ser menor de 25 años se considera parte del **grupo de riesgo**, así como los hombres que tienen menos de 25 pagan más que las mujeres de la misma edad. Ten presente que cuando contraes matrimonio tus primas bajan. Si has tomado clases de manejo y/o si eres buen estudiante puedes obtener descuento. Si tu automóvil tiene airbags, al reducir el impacto disminuyen las facturas de la compañía de seguros en caso de que ocurra un accidente y eso hace que las primas también bajen.

Aumentar los deducibles es otra forma inteligente de reducir las primas tal como lo hablamos en el seguro de propiedad, pero hay que mantenerlo siempre al margen de lo que uno pueda pagar. Si tienes una pérdida de $1.500 y un deducible por $1.000 seguramente recibirás la propuesta de no presentar los gastos a la compañía de seguro, ya que un accidente puede afectar tu póliza de seguro y consecuentemente las primas mensuales. Por eso decide cuándo reclamar a la compañía de seguro por tus pérdidas, ten una visión a largo plazo, porque no siempre es negocio pedir a la compañía que pague por tus pérdidas.

La estrategia más sana a la hora de contratar un seguro es no mentir, tomar los seguros de alto riesgo cuando realmente lo seamos, y tomar un seguro como un perfil de bajo riesgo cuando sinceramente lo seamos. Si somos descubiertos no sólo habremos perdido las primas pagadas durante años, sino que no nos cubrirán en el momento que más lo necesitemos. Ser prudentes, leer exhaustivamente los contratos, preguntar todo lo que no entendemos y no tomar seguros frívolos es la mejor estrategia para tomar en lo que a seguros refiere. Sé un consumidor inteligente, investiga y se prudente.

SINTESIS de Seguros

* El riesgo se define como la probabilidad de un evento adverso suceda y es un elemento fundamental para determinar el precio de la prima.

* En seguros, la suscripción se refiere al proceso de decidir a quién asegurar y cuál precio correcto.

* El seguro de propiedad es la estrategia defensiva por excelencia. La suscripción es para proteger patrimonio.

* El seguro de vida puede sustituirse por un plan de inversión.

* Los factores que influyen en la prima de un seguro de autos son: dónde conducirás el automóvil, tus características personales como conductor, el tipo de automóvil y cantidad de kilómetros que conducirás el vehículo.

TERCERA PARTE:

Créditos,

como aceleradores

El crédito es un instrumento que necesita comprenderse bien, no sólo porque es de uso cotidiano sino porque puede hacer una gran diferencia en tu calidad de vida y por eso es necesario usarlo adecuadamente

Tanto en el pasado como en la actualidad, ese dinero viene con condiciones: ese impulso del poder adquisitivo hay que devolverlo con intereses, por lo que el prestatario tiene la responsabilidad de garantizar que el dinero que recibe será invertido de manera tal que pueda devolver el capital inicial, más los intereses, más una ganancia que será para sí mismo. El interés funciona aquí como costo de la oportunidad: mientras el prestatario quiere el dinero hoy, el prestamista quiere el dinero con intereses mañana.

En sus comienzos los créditos eran a través de prestamistas, pero era un servicio sólo para las familias reales y nobles, básicamente personas que ya tenían dinero, y necesitaban más para financiar guerras, expediciones o similares. La gente de la clase baja o media no tenía forma de mejorar su poder adquisitivo, ni tenía acceso a la movilidad social. En el siglo XVIII en Inglaterra y otras partes de Europa el crédito comenzó a estar disponible para un público más diverso. Fue un momento bisagra, porque más público tenía acceso a los créditos con tasas asequibles que utilizaban para abrir un negocio con el fin de emerger de la pobreza.

Capítulo 10. Propósitos del crédito

El crédito utilizado sabiamente puede ayudarte a cumplir tus sueños, mientras que un error de cálculo puede terminar por agotar tus recursos. Comprar un auto o una vivienda son formas de utilizar el crédito de manera responsable. Endeudarse por compras por impulso con tarjeta de crédito, por ejemplo, es comprar con dinero que por el momento no se tiene y que deberá ser devuelto con intereses. Eso es algo que hay que tener siempre muy presente: para tener un estado de cuenta saludable debes adoptar como regla no tomar el préstamo más allá del mes actual si compras con tarjeta o crédito. Compra cosas que sepas que puedes pagar en su totalidad al final del ciclo de facturación.

Remontémonos a la crisis del 2007 y las hipotecas subprime (hipotecas de alto riesgo): las personas obtenían el dinero, incluso recibían más dinero del que podían permitirse, para comprar propiedades con la suposición de que los precios de las viviendas continuarían en alza. Cuando ello no sucedió, un montón de personas se quedaron con esas hipotecas tan caras, con cuotas tan elevadas que no las podían pagar. Al quebrarse la cadena de pago miles de personas se declararon en bancarrota, en lotes. Eso es lo que sucedió en la economía global en 2007; es un verdadero ataque al sistema financiero global cuando el crédito se sale de control y no se trata de manera responsable. A mediados de los noventa comenzó a explotar el consumo de créditos las tarjetas de crédito al punto de que las estadísticas eran paralizantes: el hogar promedio en Estados Unidos tenía aproximadamente seis tarjetas de crédito con una línea de crédito promedio de $3500 cada una. ¡Alarmante!

Hay un dato desconcertante: existe una conexión entre el saldo de la tarjeta de crédito, con enormes tasas de interés, en algunos casos incluso mayores al 40%, y una cuenta de ahorro coexistiendo, al mismo tiempo. Las personas parecen no ver ningún problema en tener altas deudas de préstamos - y peor aún, ¡corriendo con intereses! - y abultados saldos en su cuenta de ahorro, sin hacer casi nada. El primer pensamiento racional que surge es utilizar el saldo de la cuenta de ahorro para pagar las deudas con el fin de no generar nuevos intereses. Sin embargo, la gente parece no estar haciendo eso. Según estudios conductuales la gente se siente bien, más cómoda, viendo dinero en una cuenta de ahorro y no lo relaciona con la deuda e intereses que le está generando la tarjeta de crédito. Esa conexión que no se realiza nos perjudica, ya que en la mayoría de los casos el crédito se utiliza para compras mundanas y cotidianas y no en la en el uso que correspondería de un crédito, que es la inversión para poder devolver el capital más el interés y obtener de esa operación una ganancia.

Si tienes dinero en tu cuenta de ahorro y grandes deudas te recomiendo enérgicamente que comiences a pagarlas enseguida, dando prioridad aquellos acreedores que cobran intereses más altos. La situación ideal es utilizar siempre dinero con intereses muy bajos y pagar primero las deudas que tienen intereses más altos. La carga de la deuda debe estar bajo control antes de poder pensar en el futuro.

Capítulo 11. Préstamos Garantizados

No todos los créditos son iguales, estos pueden ser garantizados o no. Una deuda garantizada es un préstamo que se suscribe contra un activo específico, como en un préstamo hipotecario en donde la garantía es la propiedad misma. Si por algún infortunio no se pudieran realizar los pagos mensuales de la hipoteca, el banco cancelará el préstamo recuperando la garantía y pedirá la propiedad, es decir, el banco venderá esa propiedad para recuperar el dinero que te ha prestado. Estos casos son de alto riesgo para el banco por más que la deuda esté garantizada, puesto que las propiedades no son un activo líquido. La operación de cobranza puede llevarle al banco más tiempo y dinero del deseado. Eso significa que, si bien el prestamista tiene menos exposición al riesgo que en los préstamos sin garantías, también quedan expuestos a riesgos con los créditos garantizados.

Un ejemplo de préstamo no garantizado es la tarjeta de crédito: el dinero que se puede pedir prestado, dependiendo de cuánta línea de crédito tenga cada uno, es la cantidad máxima que puedes pedir en cualquier momento y no está suscrito a ningún bien, por lo tanto, el banco asume un alto riesgo cuando avanza en tu línea de crédito. Los bancos pierden millones de dólares por la irresponsabilidad en el uso por parte de los usuarios. Siendo conscientes de estos números, los bancos emiten tarjetas de crédito a tasas significativamente más alta de interés en relación con los préstamos garantizados, que son sensiblemente más bajas.

En resumen: la deuda garantizada se suscribe contra un valor, ya sea un activo en particular, pero es una propiedad, un terreno, un automóvil, algo tangible que tiene un valor de mercado. A diferencia de los préstamos no garantizados que, como lo comentado en el apartado de inversiones, a mayor riesgo dan mayor ganancia: por ser más arriesgado ese préstamo, tiene tasas de interés significativamente más altas que las deudas garantizadas (por compensación). Por ello, antes de usar nuevamente tu tarjeta de crédito, comprende que la conveniencia de un crédito sin respaldo tiene un precio muy alto.

Capítulo 12. Revolventes vs. Deadbeats

Las compañías de tarjetas de crédito tienen dos categorías para clasificar a sus clientes (es decir: nosotros). En la jerga crediticia se le llama "Deadbeat" (latidos de muerto, vago) a quien paga el saldo completo de su tarjeta y a tiempo. Es un término peyorativo, ya que es un cliente no es rentable para la compañía porque no incurre en cargos de interés ni cargos por mora. Aun así las compañías de tarjetas de crédito también ganan dinero cuando estos usuarios consumen, si bien no a través del usuario, lo hacen a través del comerciante, quién debe pagar en concepto de cargos alrededor de un 3% de cada transacción.

En un supermercado dos personas, A y B, compran mensualmente $2000 en mercadería y ambos pagan con tarjeta de crédito.

"A" paga el saldo completo de su factura a la fecha de vencimiento, es un Deadbeat, la compañía de tarjetas de crédito califica a estas personas de muertos porque no les generan ganancias. Sin embargo, de esos $2.000 la compañía de créditos gana alrededor de $60 (aproximadamente el 3%) que paga el supermercado, más la cuota anual que le cobra al deadbeat en concepto de "privilegio" por utilizar la tarjeta, y le da a cambio participación en un programa de recompensas.

"B" no paga su crédito al final del ciclo de facturación, salda el pago mínimo o paga con un atraso, es un Revolvente o Revolver (re-volver, que vuelve nuevamente), lo aman los bancos y las compañías de crédito (hasta que se declare en bancarrota). Demográficamente hablando son familias más jóvenes, con ingresos más bajos, que necesitan dinero, habitualmente tienen "imprevistos" y se ven obligados transferir sus créditos mes a mes porque sus ingresos no satisfacen sus necesidades. "B" paga entre el 10% y el 30% de interés anual, más la cuota anual por el privilegio de usar crédito.

Si bien cada entidad calcula de forma diferente, el pago mínimo representa un aproximadamente el 5% del saldo de deuda, y el 95% son gastos no financiables, como los costos administrativos o cuotas anuales, cargos por mora, intereses, comisiones, impuestos, adelantos en efectivo y las cuotas de las compras. Pagando el pago el mínimo la deuda no se reduce, puesto que el capital inicial adeudado que se abona es mínimo y el resto son intereses, comisiones e impuestos: porque los bancos definen el pago mínimo para cubrir los intereses, no el capital adeudado.

¿Cómo salir de ese espiral de deudas? Pidiendo un préstamo personal en cuotas fijas con tasa de interés reducida y de esa manera saldar en un solo pago la tarjeta de crédito.

Consolidación de deudas

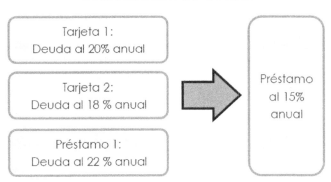

Capítulo 13. Solvencia

El prestamista busca en un prestatario, ya sea un banco por una hipoteca o una tarjeta de crédito sin garantía, determinar si puede pagar el préstamo con los intereses. Todos los formularios están orientados a verificar que puedes pagar el capital más el interés, y tal como lo hablamos en el apartado de seguros, aquí vuelve a aparecer el riesgo moral y la selección adversa, que es la parte informativa oculta. Recordemos el concepto: la selección adversa es la información que ocultas que puede ser relevante para el prestamista, puedes fingir que eres lo que ellos quieren que tú seas para obtener el dinero. Entonces lo que hacen los bancos para identificar si son verídicas tus declaraciones es buscar en tu comportamiento pasado. Ellos revisan cómo has resuelto los préstamos en el pasado y evalúan si eres digno de un nuevo préstamo. Por lo tanto, ser constantes pagadores es muy importante. Si has pagado tus obligaciones puntualmente tu acreedor supone que también le pagarás a él.

Otro factor de suma relevancia para obtener un crédito es el trabajo de investigación que va a hacer el banco para averiguar cuántos préstamos tienes, compararlo con tu nivel de ingresos y evaluar si eres capaz de sostener esa ecuación.

En el caso de los más jóvenes, que no tienen historia crediticia ni pueden mostrar antecedentes de préstamos pasados, puede ser muy difícil obtener préstamos. Al no tener un historial, los bancos simplemente pueden optar por lo más seguro y negarte la solicitud, sólo para no correr riesgos. Una solución rápida y fácil es solicitar un crédito en el banco que utilizan para la cuenta de ahorro y dejar sus ahorros como garantía; probablemente el monto que otorgue el banco sea pequeño y será contra el dinero de la caja de ahorro. Este es un recurso recurrente cuando el dinero no se necesita y desean comenzar un historial de pago como responsable de un préstamo. En 12 meses, a lo sumo 24 meses de un comportamiento de pago de préstamos, ya comienzan a escribir tu historial y eso es algo que puede comenzar ahora mismo.

Capítulo 14. Las oficinas de Crédito y Puntaje Crediticio

Las oficinas de crédito son responsables de rastrear a las personas y sus créditos y otra información relevante que describa cómo se ha desempeñado el individuo con respecto a cosas varias. El componente del **puntaje de crédito** es la información contenida en tu archivo de crédito. Cuando presentas una solicitud de crédito, el oficial de préstamos realiza un chequeo de rutina para ver tu pasado a través de los archivos. En Estados Unidos hay tres oficinas de crédito donde los prestamistas recurren para revisar los archivos: TransUnion, Equifax y Experian. Estos archivos contienen información de las cuentas de créditos garantizados, no garantizados, seguros, préstamos oficiales, tanto del pasado como los actuales. También figuran los pagos atrasados, quiebras, morosidad, juicios en tu contra, historia laboral, si eres inquilino o propietario; todo lo necesario para darle una idea al prestador de quién eres como individuo. Y con esos datos se generará un informe de la situación financiera actual que ayudará al prestamista a evaluar si extenderte más dinero, dándole una idea de cómo te ha ido en el pasado y cuántos préstamos tienes en la actualidad. Las agencias recopilan toda esta información y asignan un puntaje. El número resultante refleja tu desempeño pasado frente a los créditos y tu situación financiera.

Una compañía llamada Fair Isaac's Company (FICO), fundada en California, fue la primera que realizó seguimiento de datos y los tradujo en una puntuación que representa tu desempeño desde el punto de vista crediticio. El puntaje puede ser de 300 a

850 donde el número más alto es el puntaje perfecto y dónde un puntaje por encima de los 800 es una buena referencia, un sueño para cualquier prestamista potencial, y son quienes reciben constantemente propuestas ofertas de crédito. Si el puntaje es cercano a 620 o menos se considera de alto riesgo o con problemas de crédito y muchos prestamistas potenciales pueden rehusarse a brindar crédito. Tener 700 puntos es el promedio, debes tenerlo como objetivo, pero aumentar tu puntaje lo máximo posible, preferentemente por encima de los 800, es lo aconsejable.

Una situación común que a simple vista parece inofensiva es tomar una tarjeta de crédito que después terminas sin darle uso. El problema con esta situación es que solicitas un crédito que le será revelado al oficial de préstamo que mira la carga de deuda existente en función de tus ingresos. La línea de crédito existe, está en una tarjeta que no estás utilizando pero que para la oficial de cuentas es una línea de crédito existente para ti y eso puede afectar la cantidad de deuda que puedes soportar en proporción con tus ingresos. Por lo tanto, si tienes tarjetas de crédito que no utilizas, cancélalas y prioriza las líneas de crédito menos costosas que estos préstamos.

La fórmula con que se llega a la puntuación final es un secreto, aunque sí conocemos los componentes que intervienen en esa fórmula: aproximadamente 35% de la puntuación lo representa el historial de pago de facturas; la longitud de los pagos en el tiempo representa el 15%, mientras que las cantidades adeudadas a los acreedores representan aproximadamente el 30%. Las nuevas líneas de crédito representan el 10% y los tipos de crédito otro 10%. Con estos datos sabemos que el mayor peso para el puntaje lo tiene el pago de facturas, es decir tu historial de pago, es el único factor que puedes asegurarte: pagar las facturas a cuenta a tiempo. No atrasarte en el pago te puede llevar a conseguir un crédito de varios puntos porcentuales más baratos.

Gracias a la última ley de reforma crediticia, cada uno de nosotros puede ver nuestro informe de crédito de forma gratuita en las tres oficinas de crédito una vez al año. Si bien puedes ver el informe no puedes ver tu puntaje, pero sí los datos que se incluyen en el algoritmo que dará tu puntaje. Recomiendo fuertemente que lo veas y lo analices para tomar las medidas adecuadas para corregir cualquier error, puede ser haber escrito mal tu nombre, pero que puede afectarte a lo grande. Son habituales las confusiones de información cuando los nombres son muy comunes: te pueden adjudicar algunas cosas negativas que no te pertenecen y deberás hacer el reclamo correspondiente. En estos casos eres culpable hasta que se demuestres tu inocencia.

Los componentes de un informe de crédito

Un informe de crédito tiene cuatro componentes:

1. Información variada sobre tí, dónde has vivido, nombres, etcétera,

2. Información pública, incluido tu historial legal, bancarrotas, etc,

3. Quiénes y qué tipo de consultas han realizado sobre tu crédito pasado,

4. Tu historial de crédito, tanto de tu comportamiento pasado como con los préstamos que tienes en la actualidad.

Capítulo13. Capítulos 7 y 13 del código de bancarrota

Quiebra es cuando una persona ha hecho todo lo posible con su deuda, pero no puede pagarla, quizás porque se quedó sin trabajo, porque le redujeron las horas en el trabajo, pero tiene obligaciones y simplemente no puede realizar los pagos. En estos casos debe considerar declararse en bancarrota. Bajo la legislación de Estados Unidos, las personas pueden presentar su declaración de conformidad con el capítulo 7 y el capítulo 13 del Código de bancarrota. El capítulo 7 es lo que se llama liquidación, que es la forma más extrema el capítulo 13.

El capítulo 13 se trata de una renegociación, que es más benigna que una bancarrota. En el proceso, el juez de un tribunal de quiebras le asigna a la persona en cuestión un mediador. Este mediador evalúa toda la deuda existente junto con el individuo deudor, y deciden, con los prestamistas, un plan de pago para los próximos años para pagar la mayoría de los préstamos, incluyendo condonación de deudas. La idea principal es que con un esfuerzo de ambas partes, tanto el equipo del prestatario como el de sus prestamistas, encuentren un punto en común que sea beneficioso para ambos. Ten presente que a los prestamistas no les conviene que te declaren en quiebra, ya que los asuntos legales llevan mucho tiempo y dinero, por lo tanto, se pondrán a disposición para llegar a un acuerdo.

El capítulo 7 es una opción de liquidación, en donde el juez designará a alguien para que se lleve toda la propiedad y todo lo que tengas, lo subaste, recaude el dinero y decida cómo pagar a tus acreedores, a cuántos centavos por dólar, y así sucesivamente.

A partir del 2005 las leyes cambiaron a favor de los prestamistas y la presentación del capítulo 7 se vuelve significativamente más difícil. Es a favor de los prestamistas porque si bien están perdiendo algo de dinero, es mucho menor la pérdida que si alguien archiva la causa bajo un capítulo 7. En la actualidad, para que alguien reúna los requisitos para el capítulo 7 significa que tiene que ser muy pobre, o de lo contrario se verá obligado a presentar la quiebra bajo el capítulo 13.

Racionamiento de crédito

Joseph Stiglitz (Premio Nobel en Ciencias Económicas) y su colega Andrew Weiss se pronunciaron al respecto en un artículo en la *American Economic Review*, " desarrollaron un modelo para ilustrar cómo el racionamiento del crédito puede ser una característica de equilibrio del mercado, en el sentido de que el prestatario racionado estaría dispuesto a prestar los fondos adicionales, ya que la tasa más alta implicaría menores ganancias esperadas".

En términos más simples, enuncia que en diversas oportunidades los bancos pueden tener dinero para prestar a las personas y sin embargo eligen no prestarlo a algún segmento de la población o grupo de individuos. Y no se trata de que no dispongan de dinero para prestar. Lo que Stiglitz y Weiss observaron es que los bancos siempre están tratando de determinar el riesgo subyacente de un prestatario potencial y si ese riesgo cruza un cierto umbral de valor determinado por el banco, al momento de cuantificar su riesgo el banco considera que es económicamente beneficioso para ellos no prestarle dinero, en lugar de darle dinero a altas tasas que se adapten a su perfil de riesgo. En otras palabras, a pesar del alto costo, muchas personas están dispuestas a pagar altas tasas de interés, donde el banco obtendría buenas ganancias, pero la respuesta de los bancos es negativa.

Por ejemplo, una persona de bajo riesgo recibe un préstamo a una tasa de interés entre 6 y 7% mientras que X es de alto riesgo y pide un préstamo y se lo otorgarán una tasa del 15%. La lectura que hacen los bancos es:

·Si X está dispuesto a pagar una tasa tan alta es porque el proyecto al cual se asignará ese dinero es de alto riesgo, sino ¿por qué querría pedir prestado al 15% y luego invertir en algo que tenga un rendimiento más bajo que eso? Obtener ganancias del 20% anual es considerado una inversión de alto riesgo (15% para devolver+ 5% de ganancia), implicaría un riesgo para el banco."

Este comportamiento se llama **desplazamiento de riesgo**: el banco en lugar de arriesgarse a perder todo al otorgar un crédito, simplemente no presta desde un principio.

SINTESIS de Créditos

* El poder del crédito es dar una inmediata capacidad de compra; no debe ser usado más allá de lo que puedas sostener con tu nivel de ingresos. El correcto uso del crédito implica un retorno del monto total del capital, mas los intereses (por el costo del dinero), más una ganancia para nosotros. Solo en el caso de que esa ecuación sea factible es aconsejable pedir un crédito.

* Es fundamental tener un buen historial de crédito para obtener tasas más bajas y flexibilidad de plazos.

* Revolventes son para las compañías de tarjetas de crédito los mejores clientes, ya que como no liquidan a término las facturas, pagan siempre intereses y gastos administrativos (nunca capital), que es la forma en que las compañías son más redituables.

* Las tarjetas de crédito son un buen ejemplo de préstamos sin garantía. A diferencia de las hipotecas, los préstamos sin garantía cobran siempre intereses más altos.

* Los prestamistas tomarán en cuenta los ingresos actuales, los historiales de pago y tu capacidad de pago para devolver, no sólo la obligación, sino también los intereses.

* Son tres las oficinas de crédito en Estados Unidos que califican tu capacidad de pago: a mayor puntaje mejores condiciones para la toma de préstamos tendrás (mas plazo y menos tasa). Estas oficinas te darán un puntaje considerando las cuentas de crédito, préstamos estudiantiles pagados, historia laboral e historia judicial.

* Al momento de pedir una quiebra, recuerda que pedir el capítulo 7 implica una liquidación de tu patrimonio, mientras que bajo el capítulo 13 tanto el prestatario como el prestador hacen un esfuerzo para que se liquide la deuda con quitas y mayores plazos.

CUARTA PARTE:

Retírate Pronto

Retirarse joven, dejar de trabajar para vivir de los ahorros es posible solo con disciplina y una calculadora. Analicemos por ejemplo el siguiente cuadro, con la base de ahorrar USD $150 mensuales, y capitalizándolos, es decir, invirtiendo todos los meses USD $150más los intereses generados por la inversión primera al 10 % anual.

	Deposito	Interes (10%)	Ahorro	Saldo final
Enero	$ 1.000,00	-		$ 1.000,00
Febrero		$ 100,00	$ 150,00	$ 1.250,00
Marzo		$ 125,00	$ 150,00	$ 1.525,00
Abril		$ 152,50	$ 150,00	$ 1.827,50
Mayo		$ 182,70	$ 150,00	$ 2.160,20
Junio		$ 216,02	$ 150,00	$ 2.526,22
Julio		$ 252,60	$ 150,00	$ 2.928,82
Agosto		$ 292,88	$ 150,00	$ 3.371,70
Septiembre		$ 337,17	$ 150,00	$ 3.858,87
Octubre		$ 385,88	$ 150,00	$ 4.394,75
Noviembre		$ 439,40	$ 150,00	$ 4.984,15
Diciembre		$ 498,40	$ 150,00	$ 5.632,55

De manera que cuanto antes te inicies en el ahorro, éste te dará renta que ingresará a tu capital y antes podrás retirarte. ¡De nada sirve tener tiempo libre cuando ya estemos muy grandes para disfrutarlo!

En Estados Unidos el retiro está integrado por 3 componentes:

la seguridad social: es un ingreso que proporciona el gobierno

la pensión: que es lo que obtienes de trabajar, los ahorros que provienen de trabajar

nuestros ahorros: que en la primera parte vimos cómo hacer crecer el patrimonio

A continuación, analizaremos los tres elementos que compondrán nuestro retiro y veremos cómo optimizar cada uno de ellos.

Capítulo 16. La seguridad social

Es un programa federal del gobierno en el que, a través de un impuesto durante tus años de trabajo, te gravan en concepto de seguridad social, de manera que cuando esté completamente pagado, dentro del sistema te conviertes en elegible para una serie de beneficios, incluida la atención médica bajo el sistema general de seguridad social.

En la actualidad, a cada cheque de pago que recibes se le aplica un porcentaje, como un impuesto, y tu empleador iguala exactamente el mismo porcentaje. El dinero de ambas partes va a un fondo fiduciario de seguridad social para la jubilación. Cuando obtienes de 40 créditos de seguridad social estarás cubierto por el resto de tu vida (una persona promedio genera unos 4 créditos al año). Es decir, luego de unos 10 años de trabajo a tiempo completo estará completamente pagado el sistema para aprovechar la seguridad social cuando sea apropiado.

Por qué el Fondo de Seguridad Social (Social Security Trust Fund) está a punto de quedarse sin dinero

Cada uno de nosotros junto con nuestro empleador paga mensualmente el impuesto que se destina a seguridad social. Al

El 14 de agosto de 1935 Franklin Delano Roosevelt firmó oficialmente la Ley de Seguridad Social. Lo que se buscaba con esta ley era proteger a los ciudadanos, cuidando financieramente a los adultos mayores y fue diseñado como un plan de pago. La idea fundamental era que la generación actual de trabajadores apoyara a los jubilados actuales en cualquier momento, ya que estos jóvenes se convertirían, con el correr del tiempo, en los próximos jubilados que debieran ser apoyados por las personas más jóvenes de ese momento.

En sus comienzos funcionó bien, hace 100 años, con personas que se jubilaban a los 60 años y el promedio de vida de la época era 65 años promedio. Entonces el sistema proporcionaba bienestar económico a los adultos mayores durante 5 años aproximadamente.

Si bien se convirtió en ley con Roosvelt, los arquitectos de la Constitución tuvieron presente la necesidad de un seguro social como la forma de cuidar a las personas mayores. El Seguro social funciona como un paraguas que cuida a los ciudadanos; bajo ese paraguas hay otros seguros, como el de sobrevivientes (que surgió en 1939), de discapacidad (1956), Medicare (surgido en 1965) y el SSI (*Supplemental Security Income*, 1972).

Todos estos seguros se encuentran en la Seguridad Social, que una forma de cuidar a los ciudadanos bajo diversas circunstancias.

ser un programa de pago por uso, cuando se pensó este plan la distribución básicamente era:

el 75% del dinero que ingresa inmediatamente sale de ese fondo para pagar a los jubilados actuales

el 24% entra en el fondo fiduciario de seguridad social

el 1% es para costos de administración.

En los inicios del programa y con un promedio de vida de 65 años, eran más los que aportaban al sistema que los que cobraban en una proporción de 5:1, entendiéndose que 5 trabajadores aportaban mientras 1 recibía ingresos del Seguro Social. Hoy día con nuevos seguros y con un promedio de longevidad que supera los 75 años, la proporción cae a 2:1. La preocupación es si en las próximas décadas los jubilados actuales podrán ser compensados de la misma manera que los jubilados actuales.

El tamaño del fondo fiduciario se está reduciendo debido a la presión ejercida sobre él en términos de la **cantidad** de personas que retiran de él y por período de **tiempo** más largo. Las soluciones que se proponen varían entre aumentar un 2% el aporte, aumentar el capital imponible a $200.000 (actualmente pagamos impuestos sobre los primeros $100.000), o aumentar la edad oficial de jubilación para aumentar el Fondo fiduciario de la Seguridad Social, pero todas estas medidas afectarían directamente a la clase media por lo que ningún político se atreve a tomar cartas en el asunto.

Capítulo 17. Pensiones

La pensión es el dinero que se ahorra a través de tus años de trabajo. Es un sistema de jubilación al que tu empleador debe contribuir, puede ser de dos maneras: una es el programa de beneficios definidos y otra la contribución definida.

En el **programa de beneficios definidos** el empleador asume los riesgos y te garantiza una cantidad específica de ingresos en tus años de jubilación con una fórmula relativamente simple y transparente. Basado en la cantidad de años que has trabajado y en tu salario promedio durante los últimos 5 años, una fracción de esa cantidad se considera tu pensión mensual en concepto de jubilación.

Durante la década del 50 hasta los 70 era un programa muy común, la compañía para la que habías trabajado la mayor parte de tu vida se encargaría de ti hasta que fallecieras. Lamentablemente en estos días ya no hay muchos programas de beneficios definidos disponibles. A fines de los ochenta y principios de los 90 las compañías se inundaron de personas retiradas a las que debían mantener y que alargaron sus vidas. Esas cuentas se estaban volviendo demasiado pesadas para las empresas, no sólo para obtener ganancias y avanzar sino para poder pagar un número cada vez mayor de jubilados. Entonces las compañías decidieron cambiar la fórmula: en lugar de ser ellos quienes asumían los riesgos, simplemente lo transfieren a las personas a través de un **plan de**

contribución definida. Con esta nueva fórmula las compañías pagaban mensualmente un pequeño porcentaje del sueldo de la persona al fondo de jubilación de esa persona y que ella se haga responsable de ese dinero. La empresa sería solamente responsable del aporte, pero dependería del individuo decidir cómo invertir, qué hacer con ese dinero y qué riesgos tomar.

Hay también otro plan de pensiones llamado plan de **participación de las ganancias**, donde las empresas contribuyen a la jubilación de los empleados depositando dinero en sus cuentas de jubilación. Las compañías utilizan este método para atraer a personas, como forma de incentivo para unirse a la empresa.

El **401(k)** es un plan de jubilación donde el empleador no está obligado a contribuir, a diferencia de un plan de pensiones. En el 401 el empleador puede igualar o no sus contribuciones, simplemente está para que el empleador pueda depositar dinero. Como ese capital crece libre de impuestos el patrimonio aumenta evidentemente más rápido. Pero también hay límites para la cantidad que pueden poner en esa cuenta: bajo la legislación actual se puede depositar hasta $15000 anuales para los menores de 50 años, y a los mayores se les permite invertir un poco más. Actualmente todas las cuentas están en línea: inicias sesión en la cuenta de jubilación y decides cómo invertir esos dólares. Puedes elegir entre fondos mutuos con diversos perfiles de riesgo, qué porcentaje de tus recursos invertir y todo depende de ti y no del empleador. Es el empleado quien decide cómo invertir para su futuro.

¿Cómo sería el plan de retiro ideal?

Con estas modificaciones, las decisiones las tomas tú. Si hay un plan patrocinado por el empleador es dinero gratis, por lo que al momento de sumarte a una organización es una de las primeras cosas que debes averiguar (cuál es tu jubilación) y planificar en consecuencia, siendo la situación ideal que el empleador contribuya al máximo para tu fondo de retiro. Después de ocuparte de todas las necesidades inmediatas lo más sensato sería hacer depósitos.

¿Cuánto deberías depositar? Recordemos los números del comienzo del capítulo: cuanto más deposites antes te retirarás. Sin embargo, estamos rodeados de factores de urgencia. ¿Cuántas personas te apoyarán? ¿Cómo esperas que sean los precios? ¿Cuál es tu expectativa de vida estimada esperada? Son buenas preguntas, pero la verdad es que no lo sabemos... simplemente hazlo lo mejor posible y redondea generosamente porque estás hablando de la jubilación, donde siempre es mejor más que menos.

Pero la pregunta que sí podemos responder es **¿cómo inviertes tus contribuciones?**, porque ahí es donde ocurrirá el crecimiento. Si inviertes adecuadamente, tal como vimos en la primera parte del libro, puedes enseguida comenzar a depositar menos. **La sugerencia es utilizar un conjunto diversificado de inversiones, considerando la cantidad de años hasta la jubilación, tomando más riesgos en la etapa más temprana de tu vida y reduciendo gradualmente la exposición al riesgo a medida que comenzamos a** envejecer, para no correr riesgos innecesarios, aun creciendo a un ritmo más lento.

La mejor recomendación: comienza a invertir ya y reconoce tu nivel de tolerancia al riesgo,

¡de inmediato!

Varias investigaciones se han realizado acerca de cómo reaccionamos ante este cambio de circunstancias provocadas por el riesgo y la responsabilidad de nuestros ahorros, de qué manera lo invertimos, qué tanto se diferencia con los planes de contribución definida. Las investigaciones arrojaron como conclusión que son muchos quienes no están capacitados para invertir, o no se sienten capacitados para tomar decisiones responsables con todo ese dinero que es para su jubilación, con la inseguridad de cómo invertir, la exposición al riesgo, y todo lo que eso conlleva. Lo que los economistas han notado es que cuando te unes a una empresa es necesario firmar un documento para activar la función de retiro que activa el proceso y lo pone en marcha. La gente no hace eso, simplemente lo pospone y transfiere la responsabilidad del manejo de los fondos de su propia jubilación a otros porque los consideran más preparados. Típicamente son jóvenes, tienen familias y otras prioridades, y la jubilación no está en su lista de prioridades.

Entonces los economistas idearon un plan llamado Guarda Más Mañana (*Save More Tomorrow*, or *SMT*). Habitualmente, el proceso se hace de la siguiente manera:

1. Los empleados se acercan para aumentar sus tasas de contribución aproximadamente tres meses antes de su aumento salarial programado.

2. Una vez que se unen al plan, su contribución aumenta a partir del primer cheque de pago después de un aumento.

3. Su tasa de contribución continúa aumentando con cada aumento programado hasta que la tasa de contribución alcance un máximo preestablecido.

4. El empleado puede optar por salir del plan en cualquier momento.

El cuarto paso es crítico porque le da al empleado la capacidad de optar. La mayoría mantiene lo que está escrito, la opción predeterminada. El experimento (SMT) se trató de un ligero cambio en el procedimiento: en el cuarto paso, el empleado, en lugar de tener que elegir si participar o no de un plan de ahorro, se inscribía en el plan, y por defecto, si deseaba salirse simplemente tenía que optar por estar afuera y explicitarlo. La conclusión a la que arribaron con este experimento fue que cuando permites que la gente elija excluirse muy pocos optan por no participar y la mayoría se queda en el plan. La mayoría elige la opción que en los formularios está predeterminada, por lo tanto, si cambias el valor predeterminado se produce un gran cambio en el resultado.

Capítulo 18. Lo que tú puedes hacer por tu retiro

Ya hemos hablado sobre lo que el gobierno puede hacer por ti, lo que tu empleador puede hacer por tu retiro y ahora hablaremos de lo que tú puedes hacer por tu futuro. Los planes de retiro disponibles se los conoce como IRA ("Individual Retirement Account"). Estos pueden ser el Plan de Retiro tradicional o el Roth IRA.

18.1. El IRA tradicional

El concepto básico es que tus ganancias crecen con impuestos diferidos y los contribuyentes que sean elegidos pueden deducir sus contribuciones de los impuestos. Si bien tiene una contribución máxima anual que varía según la edad, pueden contribuir hasta los 70 años y 6 meses, que es cuando comienzan los retiros obligatorios. Si retiran el dinero antes de los 59 años y 6 meses de edad reciben una penalización por jubilación anticipada, a no ser que se les aplique una excepción.

Y aquí hay que hacer una observación no menor: todos tenemos acceso a un IRA, pero no todos obtendremos el beneficio fiscal. Las contribuciones son deducibles de impuestos hasta un cierto nivel de contribución, en otras palabras, si ganas demasiado dinero no te verás alcanzado por ese beneficio fiscal.

Desde de 2014, si eres menor de 49 años puedes aportar $5500, y si eres mayor y necesitas ponerte al día el monto de la contribución deducible de impuestos asciende a $6.500, en el caso de que los ingresos estén por debajo de los límites preestablecidos. Pasados los 59 años y medio, cuando eres elegible para acceder a los fondos, tienes una carga impositiva sobre todas las ganancias, que generalmente es un impuesto enorme de manejar (puesto que el crecimiento se basa en impuestos diferidos y a esa edad llega el momento de pagarlos). Las facturas de impuestos suelen ser alrededor del 40% del dinero en ese fondo que se destinan a las normas fiscales vigentes, sin contar el 10% de retención en concepto de penalización en el caso de retiro prematuro.

18.2. El Roth IRA

En este plan de jubilación las contribuciones se realizan después de haber pagado los impuestos federales. A cambio, el dinero que retiras después de jubilarte estará libre de impuestos federales. La ventaja es que cuando ingresas a esa cuenta a los 59 años y medio ya no tienes que pagar impuestos porque ese dinero es producto de tus ganancias.

Pero atención, lo ejemplificaremos para que sea más claro:

* ingresas $5.000 al ROTH (que es tu dinero después de impuestos)

* por crecimiento en el fondo crece a $7.000, pero por estos $2.000 de crecimiento no has pagado impuestos todavía.

=> Si retiras los $2.000 antes de los 59 años y medio estarás sujeto impuestos y multas.

Sin embargo, sigue siendo una gran alternativa para las personas que no desean preocuparse por el gran impacto fiscal que acompaña al Plan IRA tradicional. Entonces la pregunta se reduce a pagar impuestos ahora o más tarde.

¿Cómo podemos mejorar el comportamiento de ahorro para la jubilación?

Todos parecen atrapados en sus vidas cotidianas con urgencias de corto plazo, y la planificación para la jubilación no figura en las prioridades de los jóvenes. Una de las investigaciones demostró que no toman la planificación de la jubilación en serio porque hay una desconexión entre su yo actual y sus yo a los 60-70 años, no ven una conexión porque la jubilación está demasiado lejos, siquiera para pensarlo.

Se realizó entonces un estudio con jóvenes de 19-30 años dividiéndolos en 2 grupos. Tomaron fotos a los jóvenes de ambos grupos. A los del grupo 1 les mostraron sus fotos actuales y les preguntaron por la planificación de sus ahorros e inversiones. A las fotos de los miembros grupo 2 las retocaron con un software, haciéndolos ver de 65/70 años de edad; les mostraron las fotos de cómo se verían a sí mismos a la edad del retiro y les preguntaron también por la planificación de sus ahorros e inversiones. El grupo 2 mejoró significativamente la predisposición para ahorrar e invertir en su jubilación que los miembros del grupo 1.

Construir un puente psicológico entre tu yo actual y tu yo futuro, afectará tu planificación y le añadirá cierto nivel de urgencia.

SINTESIS de Retiro

* Los ingresos que componen el retiro se componen de tres aportes: la seguridad social, la pensión y nuestro capital.

* El ingreso de Seguridad Social es el resultado de los aportes que realizas junto con tu empleador durante tus años de trabajo. Ese dinero es colocado en un fondo fiduciario de seguridad social para la jubilación, y tienes acceso a los beneficios cuando consigues 40 créditos. El fondo quedará sin recursos por la diferencia de dinero entre la cantidad que ingresa al fondo y la que egresa.

* Las pensiones son fondos donde el empleador debe contribuir, a través de un plan de contribución definida, plan de participación de las ganancias o 401 (k).

* Invertir en un plan de retiro IRA tradicional, con contribuciones con impuestos diferidos, o el Roth IRA, donde las contribuciones se realizan después de pagar impuestos federales.

* Inversiones propias, es el tercer pilar de tu retiro, cuanto antes comiences a ahorrar, antes podrás retirarte

Palabras Finales

Hemos llegado al final de este libro, donde hemos visto varias aspectos y elementos tanto de inversión como de seguros y ahorro, no en profundidad, sino como un sobrevuelo de los conceptos básicos. Como habrás notado, esto es solo el comienzo: son los conocimientos básicos que te permitirán elegir las estrategias necesarias para maximizar tu calidad de vida.

Básicamente, el sistema se puede resumir en Invertir, con una suma surgida del ahorro. Esa inversión es para crear patrimonio. Tanto las inversiones como nuestro patrimonio lo protegemos con seguros, mientras que aceleramos su crecimiento con créditos.

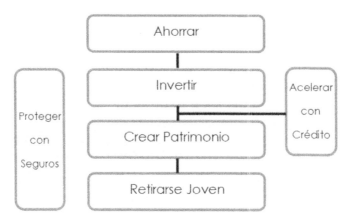

Toma el control. Juega a la **ofensiva con el dinero**. ¡Invierte! Define un objetivo, un tiempo para cumplirlo, conoce tu aversión al riesgo e invierte en consecuencia. Establece **estrategias defensivas para cuidar tu patrimonio** con seguros. Elige según tu perfil y prioridades, pero comprende qué estrategia es crítica para tu éxito. Sé inteligente a la hora de tomar créditos, utilízalos para invertir (no para consumir) y cuida tu puntaje crediticio (¡no te conviertas en un Deadbeat!). Utiliza el crédito para **acelerar las inversiones**, haz crecer tu patrimonio, y protégelo con un seguro.

Ese es el fin de este libro: que puedas reconocer tu posición actual, establecer objetivos, inventariar los instrumentos que tienes disponibles y planificar en consecuencia. Piensa en tu futuro, retírate joven, cuando aún tienes energía. Planifica. Pregúntate, investiga y ten siempre el control. Es tu dinero y está en juego tu futuro y el de tus seres queridos. Planifica y prosperarás.

¡Éxitos! No vemos en el camino.

AZUL OCEANO

—— EDICIONES ——